KB071466

"오늘도 홀로 고민하는 너에게"

48가지 사이버상담 이야기

김은하 · 김미리 · 변나영 · 송민우 · 양다안 · 유승령
이지연 · 장인희 · 정선영 · 정차리 · 조유나 · 한송희 공저

학지사

프롤로그

　우선, 학생들과 함께 머리를 맞대고 고민하면서 답글을 써 온 사이버상담 사례를 묶어 이렇게 책으로 출간하게 되어 매우 기쁩니다.

　사이버상담은 전형적인 대면상담과 달리 웹상에서 이루어지는 게시판상담, 채팅상담, 이메일상담을 포괄하는 개념으로, 장소와 시간의 구애를 받지 않고 언제 어디서나 이용 가능하다는 점과 익명성으로 인한 안전감 때문에 청소년이 매우 선호하는 상담형태입니다. 물론 대면상담과 달리 내담자를 글로써만 이해해야 하는 한계가 있지만, 그러한 한계에도 불구하고 누군가에게는 진심어린 위로가 되고 대면상담의 높은 문턱에 한 걸음 더 다가가도록 하는 효과가 있어 인터넷의 발달과 함께 지속적으로 이용하는 상담형태 중 하나가 되어 온 것 같습니다.

　사이버상담은 상담자로 입문한 초심 상담자에게 대면상담에서 즉각적으로 적절한 반응을 해야 하는 부담감을 떠나 내담자의 말을 어떻게 이해하고 어떤 말을 어떻게 표현하면 좋을지 심사숙고할 기회가 되기도 합니다. 저 또한 상담을 처음 공부하면서 정성껏 마음을 다해 쓴 답글에 내담자가 감사의 메일을 보내 오면서 몇 번의 이메일상담으로 이어진 경험이 상담전문가로 진로를 결정하는 데 꽤나 큰 영향을 미쳤던 것으로 기억합니다.

『오늘도 홀로 고민하는 너에게』는 상담전공 대학원 수업에서 학생들이 실제 사이버상담 사례에 답글을 달고 수업시간에 그 사례를 가지고 더 나은 상담을 위해 함께 고민한 흔적의 모음입니다. 수업 중에 문득 한 학생이 "교수님, 이 친구는 우리가 이렇게 고민한다는 걸 알까요?"라고 했던 순간이 떠오릅니다. 그렇게 고민하고 씨름하며 올린 답글을, 고민글을 올린 그 친구는 과연 읽었는지 안 읽었는지조차 알 길이 없는 경우가 대부분이지만, 우리는 그 친구에게 또는 그 친구와 비슷한 고민을 가진 다른 친구에게 부족하지만 정성스러운 답글이 조금이나마 도움이 될 거라는 믿음으로 컴퓨터 너머 그 친구를 이해하려고 노력해 왔습니다. 그러한 마음들을 좀 더 많은 사람과 나누고 싶어 이 책에 담았습니다. 이 책이 좀 더 행복한 삶을 살고자 고군분투하는 청소년들에게 위로와 희망이 되고, 상담을 공부하는 학생들에게 작은 배움이 되길 소망합니다.

이 책은 상담을 공부하는 우리 학생들의 열정이 없었다면 발간되지 못했을 것입니다. 익명의 내담자이지만 저작권 문제 및 내담자 보호를 위해 주호소문제를 제외한 모든 사례의 내용을 각색하였습니다. 띄어쓰기, 줄바꿈, 이모티콘의 사용 등은 사이버상담에서 내담자의 마음을 보여 주는 특성이 있어 되도록 반영하여 사례를 정리하고자 했습니다. 어려워하면서도 열심히 답글을 달던 그 마음으로 기꺼이 책 발간을 위해 여러모로 수고를 마다하지 않은 모든 저자에게 이 자리를 빌려 다시 한 번 진심으로 감사 인사를 드립니다. 특히 편집간사를 도맡아 처음부터 끝까지 꼼꼼하게 챙겨 준 유승령 선생에게 고맙다는 말을 꼭 전하고 싶습니다. 마지막으로, 이 책의 발간을 위해 애써 주신 학지사 한승희 부장님, 오수영 씨 감사합니다!

좀 더 나은 세상을 꿈꾸며
대표 저자 김은하

차 례

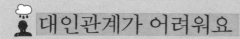
대인관계가 어려워요

학교 적응이 힘들어요

대인관계가 어려워요

"학교생활이 너무 힘들어요."

 ID 아름이

저는 중학교 여학생이에요. 학년이 바뀌니 다른 반에서 올라온 아이들이 대부분인 거예요. 다행히 2학년 때 같은 반이었던 친구가 한 명 같은 반이 되었어요. 그 친구나 저나 친한 친구가 따로 없어 밥 먹을 때나 화장실 갈 때도 같이 다닐 정도로 붙어 다녔어요.

그런데 얼마 전에 사소한 걸로 다투었어요. 다투고 나서 그냥 대충 둘이서는 풀었고요. 그런 저를 보고 다른 친구들은 그 친구가 저랑 싸웠을 때 저에 대해 엄청 욕했었는데 어떻게 다시 잘 지낼 수 있냐고 하면서 자존심도 없다는 거예요. 그런 말을 듣고 나니 기분이 엄청 안 좋아서 그 친구에게 나에 대해서 그렇게 말했냐고 물어보고 사과를 하랬더니... 친구는 저에게 아무런 사과도 하지 않았어요.

그다음부터 그 친구와는 다시 어색해졌어요. ㅠㅠ 2주가 지났는데도 아직도 그 친구는 저하고 말도 하지 않고 눈도 안 마주쳐요. 그래서 저는 점심시간에 같이 밥 먹을 친구가 없어서 밥을 안 먹기도 해요. 아이들이 저를 어떻게 보는지도 엄청 신경도 쓰이고요...

그런데 그 친구는 아무렇지도 않게 다른 애들과 어울려 다니는 거예요. 마치 나에게 보란 듯이요. 요즘은 학교에 가면 머리도 아프고 배가 아플 때도 있어요. ㅠㅠ 너무 힘이 들어요. ㅠㅠ 지금 이 글을 쓰는데 눈물이 막 나와요.

도와주세요. 그냥 전학을 해야 할까요?

ID 햇살 가득

안녕하세요?

에휴! 얼마나 고민이 되고 속이 상했으면...

글을 쓰면서도 눈물이 나왔을까요.

울면서 이 글을 썼을 아름이님을 생각해 보니,

마음이 많이 아프네요.

옆에 있다면 눈물을 닦아 줄 텐데요.

토닥 토닥!

단짝 친구와 싸우고는 화해가 안 되어서 서로 못 본 척하고 지내고,

밥도 혼자 먹고, 화장실 갈 때도 혼자라면 얼마나 신경이 쓰이고 속이

상할까요.

애들이 내 뒤에서 쑤군거리는 것 같으면 왠지 내 얘기를 하는 것만

같고...

친구는 나랑 같이 안 다니는 것이 아무렇지도 않은 듯,

다른 애들하고 같이 잘 다니고....

진짜 속상하고 억울하고 외로울 것 같아요.

제가 대신 나서서 그런 게 아니라고 말해 주고 싶네요.

저도 친구와의 사소한 다툼이 이상하게 꼬여서 한동안 말을 안 하고 지냈는데, 정말 많이 속상하더라고요. 화해를 하려고 하면 할수록 이상하게 더 꼬이게 되고...

내가 말을 걸기도 좀 그렇고, 친구가 먼저 말을 걸어 주었으면 싶은데, 친구는 전혀 내색을 안 하고... 자존심도 상하고, 외롭기도 하고...

그렇지만 나중에 시간이 지나서 화해를 하고 보니,

친구도 같은 마음이었더군요.

친구끼리 사소한 걸로 티격태격 싸우기도 하고, 그러다가 화해도 하고...

그런 것이 친구 사이일 거예요.

그런데 내가 아무리 잘해 줘도 친구가 몰라 줄 때가 있고,

친구의 마음을 내가 잘 모를 때도 있더라고요.

에구...ㅠㅠ.

아름이님 혼자서만 너무 마음 많이 아파하지 않았으면 좋겠어요.

어떤 친구 관계라도 서로 같이 노력해야 하는 것 같아요.

친구 관계가 잘못되는 것이 혼자만의 잘못은 아니잖아요?

서로의 책임인 것 같아요.

그런데 혹시 지금까지 친구의 반응만을 지켜보고 있었나요?

그렇다면 아름이님의 힘듦을 친구에게 이야기나 문자, 편지로 전해 보는 것은 어때요?

아름이님이 이렇게 많이 속상해하고 있다는 것을 친구는 모를 수도

있어요.

친구도 나처럼 친해지고 싶지만, 자존심 때문에 다가오지 못하고 있을 수도 있고...

제 친구도 제 마음을 몰랐더라고요.

그런데 만일 친구의 마음이 나와 다르다면,
이번 기회에 다른 친구를 사귈 기회를 만들어 보는 것은 어떨까 싶어요. 그리고 화해가 되더라도 또 다른 친구를 사귀는 노력을 해 보시면 좋겠어요.

우리는 친구를 한 번만, 한 사람만 사귀는 것은 아닌 것 같아요.

또 다른 친구에게도 마음의 문을 열어 보세요.

어쩌면 아름이님에게 다가가고 싶어 하는 친구를 발견할 수도 있을 것 같아요.

진정한 친구는 '또 다른 자기 자신'이라는 말이 있어요.

'친구는 내 편이다.'

'나의 단점을 장점이라고 생각해 주는 사람'

'나의 거울이다.'

'나하고 닮았다.' 등등 여러 가지의 의미를 지닌 사람이에요.

그런 친구를 만나는 것은 굉장한 행운이지요.

저는 지금도 그런 친구들을 계속 찾고 있어요.

이번 일을 계기로 아름이님에게 '친구'는 어떤 사람인지 한번 생각해 보면 좋을 것 같아요.

어떤 사람이 친구인지, 그 친구와 계속 친하게 지내고 싶은지, 다른 친구들이 어떻게 생각할까 싶어 친한 척 지내고 싶은 건지, 아름이님의 마음을 한번 살펴보세요.

아름이님이 여기에 글을 올린 것을 보니, 문제 해결에 적극적이고 긍정적이며, 사람을 좋아하는 따뜻한 사람이라고 생각되어요.

'위기는 곧 기회다.'라는 말이 있어요.

이 힘듦을 통해 더 넓은 친구 관계를 만들어 나갔으면 좋겠어요.

세상에는 아름이님의 예쁜 마음을 알아볼 보석 같은 친구가 반드시 있을 거예요.

힘내세요!

아름이님은 혼자가 아니에요.

도움이 필요하면 언제라도 글 남겨 주세요.

응원 보냅니다.

아자 아자!!!

"혼자 밥 먹는 게 괴로워요."

 ID 소심

안녕하세요? 저는 중학교 1학년 여자이고요... 제 성격은 내성적입니다. 이미 반 친구들은 끼리끼리 친해져서 무리 지어 다니지만 저는 아직 친해진 친구가 없어요... 다른 반에도 단짝인 친구나 아는 친구는 없고요.

뭐, 노력하고 싶지 않은 건 아닙니다. 근데 별로 같이 다니고 싶거나 친해지고 싶은 친구가 딱히 없습니다. 하지만 제가 정말 견디기 힘든 때는 꼭 무리 지어 있어야만 할 때입니다.

특히 저희 학교는 급식실에서 밥을 먹는데, 제가 혼자 먹는 애가 있나 찾아 봤는데 한 명도 없었습니다. 밥은 먹어야 하는데... 혼자 밥을 먹는 게 너무 힘듭니다. 또 몇몇 선생님들은 조를 짜주는데 어떤 선생님은 하고 싶은 친구들끼리 조를 짜라고 할 때가 있습니다. 그럴 때 너무 괴롭습니다.

저는 반에 아는 애도 없고, 잘 다가가지도 못하고... 소심하고... 지금도 그럭저럭 괜찮긴 하지만... 한두 번씩 찾아오는 괴로운 순간들을 잘 견디고 싶습니다. 친구 사귀는 방법 말고요... 어떤 마음을 먹으면 제가 그 시간 동안 잘 견딜 수 있을까요? 어떻게 하면 편하게, 당당하게 혼자 다닐 수 있는지 알려 주시길 부탁드립니다. ㅠㅠㅠ

"혼자 밥 먹는 게 괴로워요."

 ID 스마일 :)

 안녕하세요? 소심님의 글 잘 읽었습니다.
내용 중에 다른 건 그럭저럭 괜찮은데 혼자 밥 먹을 때랑,
조를 짤 때 괴롭다고 한 것... 정말 마음이 아팠습니다.

저는 글을 읽으면서 소심님께서 이 상황을 담대하게 이겨 내려는 모습이 멋져 보였답니다. 초등학교, 중학교, 고등학교, 대학교, 직장, 어디든지 적응하고 친구들을 사귀는 데 어려움을 가지고 있는 사람들이 많답니다.

꼭 소심님만 그런 것이 아니라는 걸 알려드리고 싶습니다.

한 예로, 제가 대학교 때 너무 짬뽕이 먹고 싶어서 친구에게
"난 짬뽕 먹으러 학생식당에 갈 거야~"라고 말했어요.

그랬더니 그 친구가 왜 불쌍하게 혼자 먹냐며 같이 가 주겠다고 했습니다.

"내가 왜 불쌍해? 난 혼자 잘 먹는데?" 저는 이렇게 대답하며 거절했습니다. 혼자 짬뽕을 먹어도 괜찮은데, 친구와 같이 있으면 신경도 쓰이고 밥도 다 먹고 온 친구를 불편하게 만드는 것이기 때문입니다.

하지만 저도 처음부터 그랬던 것은 아니에요.

저도 중학교 때 혼자 밥을 먹어야 할 때가 있었는데 혼자 밥 먹는 것이 싫어서 화장실 가서 초콜릿 까먹고 그랬어요.

지금 생각해 보면, 지금 누구도 신경 안 쓰고 혼자 잘 다니게 된 데는 연습이 필요했습니다. 혼자 패스트푸드점에 가서 햄버거를 사 먹는 것부터 시작해서 영화를 보러 가는 것까지 계속 도전을 했습니다. 지금은 영화에 온전히 집중하고 싶어 혼자 보러 가는 것을 더 선호하게 되었습니다.

괴로운 시간을 견디려면 연습이 필요합니다.

힘들 때 위로가 될 만한 것들이 있다면 함께하는 것도 좋을 것 같습니다.

소심님은 무엇을 할 때 가장 행복하고 좋은가요?

괴로운 순간이 찾아올 때면 좋아하는 것과 함께하는 겁니다.

음악을 듣거나, 책을 보거나, 핸드폰으로 재미있는 영상을 보는 것도 추천합니다.

저도 식당에서 혼자 밥을 먹을 때, 방송 시간을 놓친 드라마를 보면서 먹는답니다. 또, 조를 짤 때 어려움이 있다면 선생님께 괴롭고 힘든 점들을 말해 보는 건 어떨까요?

혹시 학교에 상담 선생님이 있다면 상담을 받는 것도 좋을 것 같습니다.

저는 용기 있는 소심님께 박수를 쳐 주고 싶습니다.

지금 겪고 있는 어려움에 대해 자책하거나 다른 사람을 원망하는 것이 아니라 헤쳐 나가려는 힘이 있는 사람이기 때문입니다.

소심님, 제가 응원하겠습니다! 파이팅!!^^

"진짜 베프는 뭘까요?"

 ID 진심

저는 친구 때문에 고민이 있는데요.

어렸을 때부터 친했고 지금도 친합니다.

그래서 자주 놀고 서로 베프라고 생각하는 것 같아요.

근데... 걔랑은 뭔가 진지한 이야기를 할 수가 없습니다.

그렇다고 걔도 저한테 힘든 이야기나 어려운 이야기를 하는 건 아니에요.

제가 지금 고 1인데 당연히 심각한 고민도 있고 그렇잖아요.

근데 그런 이야기는 안 하고, 오래된 베프인데도 장난 따먹기나 하고, 서로 욕이나 하고... 뭔가 관계가 쫌 이상한 거 같아요.

서로 어떻게든 깎아 내리고 심지어 저주도 해요.

저는 얘랑 진짜 친구처럼 잘 지내고 싶거든요?

뭔가 지금 사이가 서로를 이해하고 그런 게 아니라 친구만도 못한 그런 느낌이라서요...ㅠㅠ

어떻게 하면 제대로 된 친구 사이가 될까요?

"진짜 베프는 뭘까요?"

 Re: **ID 스마일 :)**

안녕하세요~ 진심님의 글 잘 읽었습니다.
어릴 때부터 아주 친한 친구와 서로의 마음을 더 잘 이해
해 주는 관계가 되고 싶은 진심님의 마음이 느껴지네요.

'관계'라고 표현한 것처럼 친구는 서로 노력해야
진심님이 원하는 친구 사이가 될 수 있다고 생각합니다.

지금 이곳에 남긴 글처럼 현재 고민하고 있는 것을 진심님의 친구에
게 이야기해 보는 것은 어떨까요?

스스럼없이 욕하고 장난치면서 대하다가 뜬금없이 "너는 고민 없니?
힘든 일 없니?" 이렇게 이야기한다면 어색한 게 당연할 겁니다.

먼저 진심님의 고민을 자연스럽게 이야기해 보고, 그것이 익숙해지
면 장난을 치면서도 서로에게 기댈 수 있는 좋은 친구가 될 수 있다는
생각도 해 봅니다.

그것이 어렵다면 진심님이 친구 사이에서 이상하다고 생각하셨던 것
들을 조금 줄여 보는 것도 좋은 방법일 것 같습니다.

욕이나 저주를 줄인다거나, 놀리지 않고 칭찬을 하고 친구의 마
음을 이해해 보려고 노력하는 것 등등 여러 가지 방법이 있겠지요.

진심님은 이상하다고 표현하였지만 저는 이 관계가 이상하다고 생각하지 않습니다.

저도 만나면 항상 진지한 이야기만 하는 친구, 웃긴 이야기만 하는 친구, 이성 이야기만 하는 친구, 가족 이야기만 하는 친구 등 다양한 친구 관계가 있고, 그때마다 저도 다르게 반응하기 때문입니다.

진심님! 마음을 조금만 더 공유한다면 친구와의 관계에서도 발전이 있을 겁니다.

고민을 이야기해 준 진심 어린 용기에 큰 박수를 보냅니다!

"친구들과 문제가 생겼는데 어떡해야 하나요?"

 ID 투울

안녕하세요. 중학교에 다니는 여학생인데요.

알기 쉽게 친구A, 친구B로 말씀드릴게요.

제가 얼마 전에 친구A와 사소한 일로 다투었거든요.

그 후 A가 저한테 너무 잘해 주면서 다시 친해지게 되었어요.

근데 제가 A랑 다퉜을 때 다른 친구B한테 털어놓았거든요.

B도 저랑 같은 감정을 느꼈는지 서로 잘 통했고 그러다 보니 B와 어울려 다니게 되었어요. 그러면서 친구B는 절 위해서 A를 멀리했거든요.

그런데 제가 A랑 다시 친해지면서, 저 때문에 A를 일부러 멀리한 B가 난처해진 것 같더라고요...

그래서 "너 때문에 일부러 A를 피했는데 니가 갑자기 A랑 다시 친하게 지내면 나는 뭐가 되냐?"라고 화를 내기 시작했어요.

제가 이 학교에 전학 온 지 얼마 안 됐는데 성격이 활발한 편이어서 그런지 애들이랑 빨리 친해졌거든요. 근데 B가 A와 제 욕을 하게 되면 전 어떡하죠? 이 학교가 학생 수가 별로 없어서 엄청 좁아요. 여학생들도 그만큼 적고요. 그래서 졸업할 때까지 계속 같이 봐야 하는데 어떡해야 할지 모르겠어요. 도와주세요.

"친구들과 문제가 생겼는데 어떡해야 하나요?"

 ID 풀잎

 안녕하세요~ 투울님.

투울님이 친구A와 다시 친해지게 되었다니 좋은 일이네요~

그런데 난처해진 친구B가 투울님에게 화를 내기 시작하면서 B가 A와 함께 뒤에서 자신을 욕할 것 같고, 다른 친구들한테도 자신에 대해 안 좋게 얘기할까 봐 걱정이 들고 속상했겠어요.

학교도 좁아 졸업할 때까지 계속 봐야 하는 사이인데, 제가 투울님이었어도 걱정이 많이 되고 속상했을 것 같네요.

게다가 이런 상황을 만들고 싶었던 건 아니었는데 이런 상황이 되어서 어떻게 해야 할지 모르겠고... 투울님 또한 난처해졌겠어요.

이런 난처한 상황은 어쩌면 서로가 오해를 해서 그런 걸 수도 있다고 생각해요.

아무리 친한 친구 사이라도, 사소한 오해가 생겼을 때 그 오해를 친구와 풀지 않고 다른 친구에게 얘기하다 보면 의도치 않게 서로가 난처해지는 상황이 올 수도 있더라고요...

이런 난처한 상황을 풀기 위해 투울님이 용기를 내어서 친구B에게 먼저 다가가 보는 건 어떨까요? 누구든지 먼저 다가가는 것이 쉽진 않을 거예요... 하지만 투울님이 먼저 다가가 화가 난 B에게 투울님 방식대로 진솔하게 사과하고 위로해 주면 친구B도 투울님의 마음을 알아봐 주지 않을까 싶어요. 그리고 친구A와도 함께 셋이서 이야기를 나누면서 서로에 대해 오해하고 서운했던 점들을 이야기해 보면 서로에 대해 더 잘 알게 되고, 이번 일을 계기로 더욱더 우정이 깊어지지 않을까 싶어요.

　지금 투울님은 힘들겠지만... 이런저런 일을 친구들과 함께 겪으면서 풀어 가다 보면, 그만큼 서로에 대해 더 많이 알게 되면서 가까워질 거라 믿어요. 이번 일을 계기로 투울님과 친구들 사이의 우정이 더욱더 깊어지길 바랄게요...!

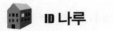

"모태솔로 남자, 고민이 있습니다."

 ID 나루

27살. 잘나지도 못나지도 않은 그냥 괜찮은(?) 정도의 남자인데...

...연애를 해 본 적이 없는 모태솔로입니다...

핑계 같지만(?) 굳이 이유를 들자면, 예전엔 연애에 관심이 없었고 바쁘게 살았습니다...

제 성격이 한 번에 한 가지만 파는 성격이기도 하고, 공부하고 군대갔다 오고 일하고 바쁘게 살았고 돈도 벌어야 했고 여자를 만날 금전적, 시간적 여유가 없었습니다.

이제 좀 연애를 해 보고 싶은 생각이 들어서 사람들도 만나고 하는데, 문제는 새로 만나는 사람들은 항상 여자친구 있냐고 물어요...

...그냥 솔직하게 말하면... 그 후엔 연애는 해 봤냐고 물어보네요...

남 사생활에 왜 이렇게 관심이 많은지 지금 생각해도... 하여튼 없다고 하면 이상하게 보는 게 느껴지고, 저도 아무렇지 않은 척 하는데 아무래도 티가 나고요. 요즘엔 친구들 외의 사람 있는 자리엔 안 나갑니다.

솔직히 누구든 만나면 또 물어볼 거라는 생각에 나가기 싫어지고...

실제로 사람들을 만나는 횟수가 줄었습니다. 사람들을 만나기가 싫어집니다.

대처방법에 대해 조언 부탁드려요...

"모태솔로 남자, 고민이 있습니다."

Re: **ID 밀크티**

안녕하세요, 나루님. ^^

저는 대학원에서 상담을 배우고 있는 학생이에요.

나루님의 글을 보고 공감도 되고 도움이 되고 싶다는 마음이 들어서 답변을 적게 되었어요. 나루님이 새로운 자리에 갈 때마다 사람들이 여자친구 있냐고 묻거나 사귀어 본 적 있냐고 물을 때마다 엄청 스트레스 받으셨겠어요... 힘들었을 마음이 느껴졌어요. 그 질문들이 정말 난처하고 불편하셨을 것 같아요. 기분도 확 나빠졌을 것 같고요. 열심히 살아오느라 바빠서 연애에 관심이 없었을 뿐인데 이상하게 보는 사람들이 정말 이상한데요?

사람들이 참 남 사생활에 관심이 많지요~

바빠서 누굴 만날 여유가 없었다고 쓰신 부분이 공감이 되었어요.

실은 저도 집이 어려울 때가 있었는데 그동안은 친구도, 아무도 만나지 않고 연애도 안 하고 일에만 빠져서 살았거든요. 그런데 지나고 나서 다시 사람들을 만나기 시작했을 때는 구구절절 설명할 수도 없고 난처하기도 하고 그랬어요. ^^; 그래도 최근에 연애하고 싶은 생각이 들었다니 참 기쁘고 반가운 일이에요.

앞으로 좋은 사람을 만나서 연애를 하게 되면 지금 고민도 해결될 것 같아요. 그런데 연애하고 싶은 생각이 있고 사람들을 만나려고 노력하는데 사생활 질문들을 받으면서 난처함을 느껴 오히려 사람들을 만나기가 힘들어지고 있네요.

그러면 정말 더 연애하기 어려워질 수도 있겠어요...

친한 친구 중에 모태솔로인 친구가 있는데요.

사람들이 남친 있냐고 물어보면 웃으면서 "지금은 없어요."라고 답하더라고요. 저는 이게 정말 거짓말도 아니고 참 센스 있다는 생각이 들었어요. 이 방법이 나루님께도 도움이 되었으면 좋겠어요. 글을 읽으면서 정말 열심히 살아온 분이라는 생각이 들었어요. 열심히 살아왔다는 것 자체로 멋진 사람이라 생각이 되고요. ^^

자부심을 가지고 사람들도 만나고 멋진 연애 시작하길 바랄게요!

"뒷담화, 그냥 같이 해 버릴까요?"

 ID 민지

안녕하세요. 중3 여학생입니다.

학교에서 친구들끼리 모이면 한 사람에 대해 뒷담화 하기도 하고 그렇잖아요... 저도 반에서 친한 친구들이 있는데요, 한 명이 없으면 꼭 자리에 없는 그 친구를 욕하는 분위기가 되더라고요. 한 명이 뒷담화를 하도록 부추기는 분위기이고, 제가 아무 말도 안 하고 있으면 '그렇지 않냐?' 라면서 같이 욕하기를 바라는 것 같아요...

다 저랑 친한 애들인데... 친구들을 뒷담화하는 건 내키지 않아요.

제가 없는 자리에서는 또 착한 척한다며 제 욕을 할 것만 같고... 그래서 '그냥 같이 뒷담화해 버릴까?' 하는 고민이 들어요.

"뒷담화, 그냥 같이 해 버릴까요?"

 Re: ID 밀크티

안녕하세요. 민지님 ^^

친구들이 뒷담화하는 것 때문에 고민 글을 썼군요~

다들 민지님과 친한 친구들인데 당연히 욕하고 싶지 않고, 뒷담화를 부추기는 친구도 민지님과 친구이다 보니 어떻게 대처해야 할지 참 어려울 것 같아요.

또 그런 분위기가 자주 있는 일이다 보니 내가 없는 자리에서는 진짜 내 욕을 할 수 있다고 생각이 되겠어요. 친구들을 소중하게 생각하고 잘 지내고 싶은 민지님의 마음이 느껴지는데, 뒤에서 욕을 하는 상황들이 불편하고, 내가 욕을 먹을 상황이 될 수도 있고...

내키지 않는데도 같이 뒷담화를 해 버릴까... 하는 생각까지 해 봤을 정도로 상황이 난처하고 많이 불편했을 것 같아요...

뒷담화를 하는 그 친구는 뭐가 불편해서 그러는 건지 한 번 그 친구의 마음에 관심을 가져보는 건 어떨까 싶어요.

예를 들자면, '○○가 잘난 체하는 거 같지 않아?' 하면서 흉을 보면, '○○가 어떤 행동을 했는데?' '그게 너한테 어떻게 불편했어?' '그랬구나~' 하면서 그 친구가 자신의 얘기를 할 수 있도록 하고 들어주는 것도 좋을 것 같아요.

그러면 다른 친구 흉을 덜 볼 수도 있고... 흉 보는 친구도 좀 더 이

해할 수 있을 것 같아요... 흉 보는 친구는 민지님이 자기에게 관심을 보여 주니까 적어도 싫어하진 않을 것 같다는 생각이 들어요.

그런 시간들이 있다 보면 그 친구도 다른 사람들은 자신과 의견이 다를 수 있다는 생각을 하게 될 수도 있을 것 같고요.

친구가 아닌 선생님이라든가 외부인을 뒷담화하면 서로서로 위로해 줄 수도 있고 더 친해지고 속도 시원해지는 좋은 효과(?)도 있는데 친구끼리 뒷담화를 하니까 참 고민이 되었을 것 같아요. 그래도 어떤 행동을 하는 친구든지 소중하게 여기고 좋은 방법을 찾는 민지님의 예쁜 마음이 참 대견하게 느껴지네요.

친구들과 함께 학교생활 잘 하길 바랄게요!

"뒷담화, 그냥 같이 해 버릴까요?"

 Re: **ID 아낌없이 주는 나무**

 민지님, 안녕하세요. ^^
민지님의 글을 보면서 민지님이 그동안 혼자 얼마나 많은 고민을 해 왔을지, 이 글을 적으면서도 고민하는 민지님의 심정이 느껴졌어요...

민지님이 고민하는 것처럼 학교에서 보면 아이들이 모여서 대화를 나누다가도 자연스레 다른 누군가의 뒷담화를 하는 모습을 볼 수 있지요.

하지만 민지님은 그러한 분위기에 휩쓸려 친구들과 함께 뒷담화를 한다거나 동조를 하고 싶지 않다는 마음이 드는군요...

더구나 나와 친한 친구들이기 때문에 뒷담화하는 것은 내키지 않는다는 부분을 보고 민지님이 친구들을 참 소중히 여기는 마음이 느껴졌어요.

이렇게 민지님은 뒷담화를 하면 안 된다는 생각이 들고, 하고 싶은 마음도 없는데, 그렇다고 뒷담화를 하지 않으면 친구들로부터 '착한 척한다.' 이런 식으로 부정적인 말을 듣게 될 것 같아서 어떻게 해야 할지 무척 고민이 됐을 것 같아요...

우선 민지님 말처럼 학교에서 여러 명이 함께 지내다 보면 누군가를 뒤에서 욕하게 되는 상황이 생길 수도 있는데, 그런 분위기에 휩쓸리지 않으려 하고, 바른 생각을 갖고 있는 민지님이 훌륭하다는 생각이 들어요. ^^

물론 친구들이 민지님에게 함께 뒷담화를 하도록 부추길 때 거절을 하면 민지님의 입장이 난처하고 곤란할 때가 있겠죠.

또 오히려 '다음에는 내가 뒷담화 대상이 되면 어떡하지?' '친구들과 멀어지진 않을까?' 하는 걱정도 될 것 같아요.

하지만 민지님이 함께 뒷담화를 하지 않는 것에 친구들이 실제로 어떤 반응을 보였는지 궁금합니다... '착한 척한다며 욕할 것 같다.'는 것은 우리 민지님의 생각인 거지요?

제 생각에는, 오히려 누군가를 욕하고 싶지 않은 민지님의 마음, 뒷담화는 나쁜 것이라고 생각하는 민지님의 착한 마음을 언젠간 주변 친구들이 다 알게 되어서, 착한 척한다고 생각하기보다는 민지님을 믿을 수 있는 친구라고 생각하게 될 거예요.

민지님 같은 마음씨를 가진 친구를 둔 민지님의 친구들이 부럽게 느껴지는데요? ^^

민지님~ 지금처럼 바르고 착한 마음 오래오래 잘 간직하면 좋겠어요~

언젠간 민지님의 주변 친구들도 민지님에게 선한 영향을 받게 될 날이 올 거라고 생각해요.

민지님을 응원합니다! ^^

"패드립하는 친구, 어쩌면 좋을까요?"

 ID 마징가

 저는 공고에 다니는 남학생입니다.

어릴 때부터 친했던 친구가 있는데 예전엔 서로 집에 놀러 가고 서로 집 사정에 대해서 잘 알고 있었습니다.

같이 공고에 진학하고 어울리는 친구들이 달라졌는데, 얘는 좀 놀고 쎈 애들이랑 친해져서 학교에도 자주 안 나오거나 지각하거나 합니다.

제가 부모님이 안 계시고 할머니 손에 길러졌는데 그에 대해서 별 생각이 없었습니다. 할머니는 식당을 하시고 음식 솜씨도 좋으시고 절 진짜 아껴 주십니다. 그런데 그 친구 놈이 요즘 저에게 패드립을 합니다.

제가 중간고사에서 반에서 1등을 해서 칭찬을 받았는데, "엄마도 없는 놈이 공부 ×× 열심히 하네."라는 소리를... 그 후에도 제가 하는 행동 하나하나에 "엄마가 사 주드나." "엄마가 글케 가르쳐 주드나." 하며 막 웃습니다. 그때 걔 친구들도 같이 웃고요. 솔직히 처음엔 황당하고 열이 확 뻗쳤는데 어떻게 해야 할지 몰라서 참았고, 반복될수록 점점 위축됩니다... 걔네랑 싸워 이길 자신도 없고요... 기죽습니다...

다들 있는 부모님이 없다는 게 창피한 기분이 들기도 합니다.

웃긴 건 그놈도 부모님이 진작 이혼하시고 재혼하셔서 새아버지랑 살고 있습니다.

학교 애들은 그 사실을 모르는 거 같은데, 어찌 대처해야 하나요...

 ID 밀크티

마징가님... 고민글을 읽는 내내 제가 다 속상하고 화가 나네요.

어렸을 때부터 친했던 친구라면 마징가님의 마음을 누구보다 잘 알 텐데, 그냥 장난이라고 해도 부모님이 안 계시다는 걸 뻔히 알면서 그런 패드립을 하는 건 좀 아닌 것 같네요.

황당하고 열 받았다가도 어떻게 해야 할지 몰라서 참게 되고, 자꾸 반복될수록 위축되고 기죽는 마음 이해가 됩니다. 오죽하면 부모님이 없다는 거에 창피한 기분이 들기까지 할까요...

이런 상황에서 어떻게 하는 게 가장 좋을지는 솔직히 저도 잘 모르겠어요. 친구가 하는 것처럼 패드립으로 맞받아치는 건 아닌 것 같고... 그렇다고 계속 참고 지나가면 친구는 마징가님의 마음도 모르고 계속 그런 장난을 칠 것 같아요.

그 친구를 따로 만나 지금 이 심정을 솔직하게 이야기해 보면 어떨까요? "그냥 장난인지, 아님 나한테 뭐 마음에 안 드는 게 있는 건지 모르겠지만, 내 사정 다 알면서 그렇게 이야기하니 마음이 좋지 않다. 너는 내가 니네 부모님 이혼한 걸로 놀리면 좋겠냐? 그건 우리가 어떻게 할 수 있는 일이 아니잖냐? 그러지 말자. 안 그랬으면 좋겠다." 이런 요지로 이야기를 한번 해 보세요. 그 후에도 친구의 태도가 달라지지 않는다면 그 친구는 더 이상 마징가님을 이해하고 배려할 수 있는 친구가 아닌 것 같습니다. 그런 친구의 말이라면 무시해 버리고 마징가님을 이해해 줄 수 있는 좋은 친구를 다시 찾아봐야겠죠?

마지막으로 드리고 싶은 말은, 마징가님! 위축되지 마세요.

우리에게 부모님이라는 존재가 항상 계시는 건 아니니까요... 마징가님의 부모님이 조금 일찍 마징가님을 떠나셨을 뿐, 우리 모두 언젠가는 떠나게 되는 사람입니다.

부모님은 조금 일찍 떠나셨지만 마징가님을 아껴 주시고 음식솜씨까지 좋으신, 부모님 두 분의 역할을 충분히 해 주시는 할머니가 계시고, 주어진 자리에서 열심히 성실하게 공부하는 마징가님이니 창피할 게 아니라 자랑스러워할 만합니다. 어깨 펴고 당당해지면 좋겠어요!

앞으로도 마징가님 할머님께 잘해 드리고 학교생활 잘하시길 바랄게요. ^^

"훈계하는 사람들 때문에 피곤해요."

 ID 답답

 요즘 화가 너무 나고 피곤하네요.
원래는 이러지 않았는데, 요즘 들어서 툭하면 훈계
하고 가르치려고만 드는 사람들 때문에 너무 스트레
스 받아요.

저는 나름대로 그 사람들을 이해해 주려고 하고 참고 넘어가려
고 하는데... 이제는 못 버티겠어요... 그런 사람들 있잖아요, 훈장
질하는... 요즘에는 그런 사람들을 보면 막 화가 나기도 하고 무
슨 말을 해야 할지도 모르겠고...

제 성격이 원래 잘 참아 주고 잘 들어 주고 그러는데... 그래서
그런지 사람들이 더 이기적으로 저를 대하는 거 같아요. 화를 내
고 안 보면 그만이라고 하시겠지만... 그게 안 되는 상황이기도
하고 앞에서 화를 못 내는 성격이기도 해요. 그리고 나중에 혼자
다시 생각하게 되고 또 화가 나고... 너무 피곤하네요.

자기가 할 말만 하고, 그 사람 말이 좀 아닌 거 같아서 제가 공
손하게 다시 말하면 니가 뭘 아냐고 화내고 훈장질을 하는데, 제
가 뭘 어떻게 해야 할지... 그렇다고 그 사람이 엄청 잘나가지고

저보다 더 나은 사람이고 그런 것도 아닌 것 같은데 꼭 제가 틀렸다는 식으로 몰아세우니까... 질리네요, 그런 사람들. 제가 만만해 보이나 봐요. 정말 앞에서 화라도 내야 하는 건지...

이기적이고 훈장질하는 사람들 때문에 너무 지치고 피곤해요...

도대체 제가 어떻게 하면 좋을까요? 저만 이렇게 힘든 건가요?

ID 몽실언니

 안녕하세요? 답답님.

이기적이고 훈장질하는 사람들 때문에 지치고 힘들다는 답답님의 글을 보고 저도 덩달아 답답하게 느껴져서 글을 남깁니다.

답답님은 이기적으로 행동하는 사람들을 이해해 주려 하고 참고 넘어가지만 그런 답답님의 배려를 무시하고 자기 말만 주장하는 사람 때문에 많이 힘드셨을 것 같아 마음이 아프네요.

소위 '대화가 안 통하는 사람'과 함께 지내다 보면 화가 치밀어 오를 때도 있고 답답함이 목까지 차오를 때도 있지요. 그런 화를 답답님은 참아 왔고 속으로 삼켜 왔기 때문에 더 힘들고 피곤해지지 않았을까 하는 생각이 들었어요.

답답님의 글을 보며 답답님은 평소에 다른 사람의 이야기를 잘 들어주고 다른 사람을 보듬어 줄 수 있는 사람이라는 느낌을 받았어요. 그런 답답님을 만만하게 보고 힘들게 하는 사람 때문에 얼마나 속이 상했을까요. 글을 읽으며 제 곁에도 답답님같이 저의 말에 귀 기울여 주고 공감해 주는 친구가 있으면 참 좋겠다고 생각했고, 주변에 답답님의 이런 능력에 대해 감사해 하고 답답님을 아껴 주는 친구가 많을 것 같다는 생각이 들었어요.

답답님이 힘들어하는 이기적이고 자기 말만 하는 사람과 마주치지 않는다면 제일 좋겠지만, 어쩔 수 없이 만나야 하는 상황이라면 그 상황은 어떤 상황인지 궁금하네요.

그리고 그 사람들이 어떤 간섭을 했기에 너그럽게 받아들일 줄 아는 답답님이 질릴 만큼 화가 났는지도 궁금하고요.

자주 만나야 하는 사람이 아니라면 저는 그런 사람과의 논쟁을 피하는 것도 한 방법이라고 말하고 싶어요. 자신의 주장을 굽히지 않고 답답님이 공손하게 말하는 것에도 화내고 훈장질하며 듣는 사람이라면, 답답님과 그 사람의 관계는 깊어지기 어려울 것 같거든요.

만약 자주 마주치는 사람이라면 답답님이 생각하는 불편함에 대해서 조심스럽게 말해 보는 것은 어떨까요?

'나는(저는) 이렇게 생각해요.' 또는 '나는(저는) 이렇게 느끼고 있어서 기분이 안 좋아요.'와 같은 '나-전달법'을 사용해서 답답님의 감정을 표현한다면 답답님이 느끼고 있던 불편한 감정이 그 사람에게 조금이라도 전달되지 않을까 생각합니다.

답답님의 이해와 배려심을 무시하는 사람들로 인해 힘들었던 마음을 답답님의 말을 잘 들어 주고 공감해 주는 친구와 함께 나누는 것도 좋은 방법일 것이라고 생각합니다.

답답님이 더 이상 힘들고 지치지 않길 바라며...

"친구 관계가 너무 어렵습니다."

 ID 아미고

요즘 친구 관계 때문에 고민입니다.

제가 지금 다니는 학교가 집이랑 좀 멀리 떨어져 있어서 스쿨버스를 타고 다니는데요... 그 같은 동네 애들이랑 같이 타고 가는 버스요... 그 버스를 같이 타고 다니는 친구가 있는데 저랑 엄청 친했어요.

몇 년 동안 같은 동네에 살았고 학교도 같은 데 다니고 그래서 많이 친했는데... 이번 해에 관계가 무너졌어요. 그렇게 친했는데 관계가 무너지는 건 한순간이더라고요...

그런데 이상한 게, 스쿨버스 타고 다닐 때는 평소랑 똑같이 얘기도 하고 웃고 떠들고 하는데 스쿨버스 내려서 반에 들어가면 아는 척도 안 하고 쌩까더라고요. 처음에는 그냥 대꾸 조금 안 하는 정도였는데 얼마 전부터는 완전 쌩까요.

인사해도 씹고... 하... ㅠ

자꾸 쌩까니까 저도 화도 나고 답답하기도 하고 그래서 그 친구한테 물어봤는데요. 저랑 별로 안 친한 친구가 있어요. A라는 친구가 있는데, 그 친구랑 저랑 안 친해요. 좀 안 맞아서 같은 반인데도 인사 별로 안 하고 그런 친구인데. 저랑 친했던 친구가 이 A라는 친구랑 이번 해에 친해졌대요.

그래서 A라는 친구랑 저랑 사이가 별로 안 좋다고 불편하다는 거예요... 아니, 아무리 그래도 저랑 더 친했고 몇 년 동안이나 친구로 지내고 그랬는데... 너무 어이가 없어서 그 뒤로 저도 얘가 뭐 물어보면 그냥 단답식으로 "어." "아니." 이런 식으로 대답하고 했더니 이제는 완전 인사도 안 하고 아는 척도 안 하네요. 근데 이상한 게 스쿨버스에서 만날 때는 인사하고 그래요.

제가 도대체 어떻게 해야 하는 건가요?
이 친구랑 제가 친구 관계인 건가요?
친구 관계가 너무 어렵네요...

"친구 관계가 너무 어렵습니다."

Re: ID **몽실언니**

안녕하세요, 아미고님.

다른 친구와의 관계로 인해 엄청 친했던 친구와의 관계가 무너졌다는 아미고님의 글을 보고 안타까운 마음이 들어 글을 남겨요.

관계가 무너진 친구와 불편한 상황에서도 등하교를 같이하는 아미고님을 떠올리니 아미고님 마음이 참 답답하기도 하고 또 한편으로는 친구에게 너무 서운하고 속상할 것 같아요.

친구A와 잘 안 맞아 불편한 것으로 인해 친했던 친구와의 관계까지 영향을 받고 있는 부분이 많이 서운할 것 같아요.

아미고님이 서운한 마음을 표현해 보려고 대답도 단답식으로 한 건데 친구는 그 마음도 몰라주고 오히려 말도 안 걸고 인사도 안 한다니...

마음이 많이 아플 것 같네요.

마음 아픈 대답을 듣기는 했지만 서운한 그 마음을 솔직하게 친구와 나눈 것은 참 용기 있는 선택이었다고 생각해요!

친했던 친구와의 관계가 조금씩 멀어진다고 느끼고 있는 지금,

한 번 더 용기를 내어 스쿨버스에서 대화를 나눠 보는 게 어떨까 하는 생각이 드네요.

이번에 대화를 나눌 때는 좀 더 구체적으로 친구A와의 관계로 인해 친했던 친구와 소원해지는 것이 속상하다는 것을 포함해서 아미고님이 친구와 어떻게 지내고 싶은지에 대해 서로 이야기해 보는 건 어떨까요?

서로의 속마음을 확인하고 이후 관계를 회복할 방법을 같이 찾아보는 것이 어떨까 하고 조심스레 제안해 봅니다.

답답한 심정을 나눠 준 아미고님의 용기와 따뜻한 마음에 박수를 보내며 소중한 우정 가꾸어 나가길 진심으로 응원하겠습니다.

"친구 관계가 너무 어렵습니다."

Re: **ID** 빛나는 별

안녕하세요, 아미고님. 반갑습니다.

글을 읽으면서 많이 속도 상하고 답답할 것 같다는 느낌을 받았습니다.

친구 사이에서 고민도 될 거고, 난감하기도 할 것 같아요.

몇 년 동안 같은 동네에 살았고 학교도 같은 데 다니고 그래서 많이 친했던 친구인데, 관계가 무너졌다고 표현할 정도로 힘들었나 봐요.

정말 난감할 것 같아요. 저 또한 학창시절에 비슷한 경험들이 있었는데... 그때가 떠올라서 마음이 아팠습니다.

그렇다고 똑같이 모른 척하고 그냥 다니면 같은 사람이 된 느낌이 들어서 가능하면 풀고 싶어 하는 아미고님의 마음이 느껴지네요.

친구에게 직접 물어보기도 했고, 다른 친구가 불편해서 같이 있을 때 아미고님과 인사를 안 한다는 친구의 말을 듣고, 고민이 많이 되었을 것 같아요.

일단, 조금 시간을 두고 기다리는 건 어떨까요?

지금 맘이 조급하기도 하고 가능한 한 관계가 빠르게 회복이 되면 좋지만, 여유를 갖고 기다리는 것도 필요할 것 같아요.

그러고 나서 좀 더 분명하게 이야기를 해 보면 어떨까 싶어요. 인사를 피하는 친구에게 나를 피하는 게 불편하다든지, 난감했다든지, 같이 지내고 싶은 마음을 좀 더 구체적으로 전달해 보는 것도 좋을 것 같아요~!!

힘이 될지 모르겠지만 응원할게요. ^^

"저를 좋아하는 건지 모르겠어요."

 ID 우비소년

안녕하세요. 저는 중3 남자입니다.

제가 좋아하는 여자애가 있는데 얘는 중2예요.

같은 보컬학원에서 친해지게 됐어요. 끝나고 집에 가는 방향도 비슷해서 연락처 주고받고 친하게 지낸 지 한 2달 됐나?

같이 걸으면서 얘가 먼저 손도 잡고 팔짱도 끼고 그러더라고요.

그리고 제가 안아 주기도 하고 그랬어요.

한 번은 집 앞에서 헤어지기 전에 제가 용기 내서 "우리 사귀자."라고 말했더니 "봐서~." 이러고 웃으면서 들어가 버리는 거예요. ㅜㅜ

그런데 얘가 몇 달 전에 헤어진 남친이 있어요. 나쁘게 헤어진 게 아니라 군대 가서 어쩔 수 없이 헤어지게 됐다 그러더라고요. 그래서 그런지 어제는 같이 아이스크림 먹고 있는데 그 전남친한테서 전화가 오더라고요. 그리고 제 앞에서 통화하고... 진짜 빡쳤지만 참고 "아직도 그 사람 좋아하냐?"라고 물어보니까 쫌 고민하더니 "응."이라고 대답하더라고요.

와... 그럼 저랑 했던 건 다 뭘까요? 저는 서로 좋아하는 마음이 있었다고 생각했는데... 진짜 멘붕입니다.

Ⅰ **아낌없이 주는 나무**

 안녕하세요. ^^ 우리 우비소년님이 남긴 고민글 잘 읽어 보았습니다.

좋아하는 여학생의 마음을 알 수 없어서 헷갈리고 고민이 많이 되었나 봐요. 얼마나 답답한 마음이 들겠어요.

또 우비소년님이 연애를 잘 못 해 봐서 헷갈린다고 했는데, 이번을 기회로 이성에 대해서 생각해 볼 수 있길 기대하며 우리 함께 생각해 보기로 해요.

좋아하는 여학생과 같이 거리를 걸을 땐 손도 잡고, 상대방이 먼저 팔짱도 끼고 때로는 포옹도 하면서 마치 사귀는 사이라고 생각될 만큼 서로가 서로를 친밀하게 느꼈을 것 같아요.

그래서 우리 우비소년님은 그 여학생과 가까이 지내 오면서 점점 좋아하는 마음도 커져 가고 또 앞으로 더욱 특별한 사이로 발전하고 싶은 마음에 먼저 용기 내어 고백을 했을 텐데...

상대방이 나의 고백에 대해 확실한 대답을 하지 않았을 때 우비소년님의 마음이 어땠을까, 답답하고 속상하지 않았을까 하고 염려가 되었답니다.

게다가 군대 간 전 남자친구가 군대에서도 전화를 해 오고, 그 여학생도 전 남자친구를 아직도 좋아한다고 이야기했을 때, 우비소년님이 상처받지는 않았는지 걱정이 됩니다...

지금 우비소년님이 고백을 한 상태이고, 그 여학생의 확실한 마음을 모르겠는 이 상황에서 우비소년님이 어떤 행동을 해야 하는 건지 망설여지고 많은 생각이 들 것 같은데요.

우선, 우리 우비소년님이 용기 내어 고백을 했으니, 상대방이 시간을 가지고 생각해 볼 수 있도록 조금 기다려 보면 어떨까 싶어요.

그 친구에게 마음이 정리되면 먼저 연락을 달라고 이야기해 보는 것도 좋을 것 같고요.

시간이 조금 걸릴 수도 있겠지만, 꼭 우비소년님이 원하는 답변이 아니더라도 언젠간 그 친구의 입장을 이야기해 주지 않을까 싶어요. 또 답변을 기다리면서 우비소년님의 마음에 대해서도 다시 한 번 생각해 보는 시간을 가져 보는 건 어떨까요.

친구들에게 조언도 구해 보고, 답변이 온다면 우비소년님은 어떤 대답을 할지, 그리고 그 여학생과 어떻게 지낼 것인지도 한 번 생각해 보면 좋을 것 같아요.

그럼 원하는 답변이 오기를 바라며...

또 다른 고민이나 궁금한 점이 있다면 언제든지 문의 주세요.

"제가 징징대는 건가요?"

 ID 우유빛깔

저는 대학생인 20살 여자입니다.
대학에 와서 친해진 친구가 있는데요, 그 친구 덕분에 다른 친구들과도 알게 되었고, 저희가 먹는 것을 좋아해서 다 같이 여기저기 유명한 맛집을 찾아다니고 그러면서 더 가까워졌어요.

그렇게 지내다 보니 친구들이 많이 편한 거예요.

그래서 저는 알바 때문에 힘든 거, 부모님 때문에 힘든 거, 과거에 받은 상처 같은 것도 다 꺼내게 되고 여러 가지 속 얘기도 자주 하고 그랬어요.

그런데 제가 친구 중 한 명에게 선글라스를 빌린 적이 있거든요... 실수로 그 선글라스를 잃어버렸는데... 그러면서 사건이 시작되었어요...

선글라스를 떠나서 애들이 마음속에 담아 둔 이야기를 하더라고요. 얼마 전 같이 술을 마시는 자리에서 한 친구가 "자꾸 너 힘들다 힘들다 이야기하는 거 그만해라. 듣기 싫다."라고... 그러는 거예요.

그랬더니 옆에 있는 친구들도 "너가 자꾸 너 힘든 것만 얘기하니까 스트레스 받아. 너만 힘든 거 아니니까 징징대지 마."라고 하더라고요...

　제가 친구들에게 기대고 의지했던 건 맞아요. 그런데 이런 말 들으니까 충격이고... 다시는 제 이야기를 못 할 것 같아요.

　걔네는 그러고 나서 아무렇지 않게 저를 대하는데, 저는 죄책 감이 들어서 그런지 애들 대하기도 불편하고 같이 있는 것도 이제 어색해요.

　상처도 너무 크고 충격이 가시질 않아요. 휴학할까도 생각 중이에요... 어떻게 하면 좋을까요.

ID 아낌없이 주는 나무

 안녕하세요, 우유빛깔님.

선글라스 분실 사건을 계기로 친구들의 마음속에 묻어 두었던 속 얘기들을 듣게 되었나 보군요...

얼마나 놀랐을까요? 게다가 친하게 어울려 다니는 친구들과의 일이기 때문에 우유빛깔님이 더 속상하고 마음 아팠을 것 같아요. 상처도 받고, 어색해져 버린 그 친구들과의 관계에서 우유빛깔님이 어떻게 하는 것이 좋을지 많이 어렵고 망설여지겠다는 생각이 들어요.

우유빛깔님께서 용기 내어 이렇게 고민글을 썼으니, 우리 함께 해결점을 생각해 보기로 해요.

우유빛깔님은 낯선 대학에 입학해서 감사하게도 마음이 맞는 친구들을 만나 같이 맛집도 찾아다니며 즐거운 시간을 함께 보내왔나 보네요.

우유빛깔님의 힘든 이야기도 털어놓을 만큼 친구들이 친밀하고 믿음직스럽게 느껴졌을 테고요.

하지만 우유빛깔님의 실수로 선글라스를 잃어버리게 되면서 친구들이 그것을 계기로 우유빛깔님에게 징징대니 지친다, 남들을 힘들게 한다... 등 선글라스와 관련 없는 이야기들을 털어놓았네요... 아이구. ㅠㅠ

우리 우유빛깔님은 자신이 선글라스를 잃어버린 것도 당황스럽고 속상했을 텐데, 믿고 의지했던 친구들에게서 생각지도 못한 말을 들어 얼마나 충격이 컸을지 생각하니 마음이 너무 아픕니다...

그 후로 우유빛깔님은 죄책감이 들어서 친구들에게 그 전과 같은 태도로 대하기가 어려워졌나 보네요. 그 마음이 이해가 가요...

이제는 그 친구들에게 말 한마디 하는 것도 조심스러워질 것 같고 불편한 마음이 아직도 많이 남아 있을 것 같아요.

그래서 이 상황을 어떻게 해야 할지 고민이 많이 되었을 텐데, 우선 이렇게 해 보면 어떨까요?

물론 친구에게 전에도 사과를 했겠지만, 선글라스를 잃어버린 부분에 대해서 다시 한 번 정중하게 사과를 하고, 우유빛깔님의 솔직한 마음에 대해 이야기하면 좋을 것 같아요. 선글라스를 잃어버리게 되어 속상했을 친구의 마음을 공감해 준 뒤에, 생각지도 못했던 말들을 들어서 상처받고 힘들었던 우유빛깔님의 솔직한 마음을 표현해 보는 건 어떨까 싶어요.

그렇게 사과하고 서로 이야기를 해서 친구와 오해와 갈등을 먼저 풀었으면 좋겠어요.

친구와 다시 화해하고 가까워지면 친구에게 우유빛깔님이 잃어버린 선글라스에 대해서 어떻게 해 주길 원하는지 그에 대한 생각도 들어 보면 좋겠어요.

우유빛깔님의 마음이 완전히 회복되기에는 시간이 좀 필요하겠지만, 친구와의 관계에서 갈등이나 어려운 상황들은 누구에게나 발생할 수 있는 것이지요.

이번 일을 계기로 친구와 진솔한 이야기도 나누면서 더 돈독한 사이가 될 수 있길 바랍니다.

또 다른 고민이나 어려운 점이 있다면 언제든 문의해 주세요.

"외국으로 와서 친구가 없어요."

 ID 소나무

 안녕하세요. 저는 한국에서 생활을 하다 어쩔 수 없이 부모님이 사시는 외국으로 오게 되었습니다.

외국으로 오고 나서 적응하는 게 너무 힘들어요.

원래 성격은 긍정적이고 제 주장도 크게 이야기 잘했는데, 사람들과 잘 어울리고 말도 잘했는데, 말도 잘 못하겠고 친구들 사이에서도 적응을 잘 못하겠어요.

친해진 친구랑 싸우거나 했을 때 신경 쓰거나 하는 성격이 아니었는데, 신경이 쓰여서 무리 친구들이랑도 잘 못 다니겠구요.

친구들 사이도 좋았는데 외국에 온 뒤로 어렵기만 하고 한 번도 행복해 본 적이 없어요.

죽고 싶은 생각을 자주 하게 되고, 너무 힘들어요.

ID 빛나는 별

안녕하세요. 소나무님 반갑습니다.

에구, 한국에서 생활하다 어쩔 수 없이 부모님이 사시는 외국으로 갔으면 당황스럽기도 하고, 난감하기도 했겠어요. 한국에서는 긍정적이고 자기주장도 강했는데, 타지에 가서 새로 적응하려니 많이 힘들 것 같아요.

저도 학창시절에 전학을 자주 다녔는데, 갈 때마다 적응도 못하겠고, 친구들도 잘 못 사귀겠고 작아지는 느낌이 들더라고요. 아마 소나무님도 지금 타지에서 다시 적응하려니 낯설고 어색하고 그래서 더 그런 느낌을 받는지 모르겠어요.

조금 마음을 편안하게 생각하고 하나씩 차근차근 해 보는 건 어떨까요? 힘들겠지만, 친구들에게 인사도 조금씩 해 보고 다가가는 것도 좋을 것 같아요.

그게 어렵다면 급하게 생각하지 말고 천천히 생각해도 좋을 것 같아요~ ^^

응원할게요!

"제 말투가 짜증이 난대요."

 ID 고슴도치

 오늘 남자친구와 크게 싸우고 말았습니다.
사실 누가 봐도 남자친구의 잘못이었어요.

일 때문에 서로 바빠 오랜만에 하게 된 데이트에 후줄근한 반바지를 입고 나왔어요...

오후에는 친구도 만날 예정이었기에 너무 화가 났습니다.

저는 화가 나도 잘 흥분하지 않아요.

다른 사람과 만나는데 옷차림이 얼마나 중요한지, 그리고 옷차림에 신경 쓰는 것은 상대방에 대한 예의인데 이런 반바지를 입고 나오는 것은 너무 무신경한 것 같다고 제 마음을 객관적으로 말했어요.

그러자 처음엔 미안하다고 했던 남자친구가 오히려 제게 화를 내기 시작하는 거예요... 제가 너무 선생님처럼 하나하나 지적한다고요.

그게 너무 지친다고요...

그동안은 크게 생각해 본 적이 없었는데... 집에 와서 생각해 보니 다른 사람과 연애할 때도 제 말투 때문에 상대방이 짜증 내는 일이 있었어요.

저에게 문제가 있는 걸까요?

Re: **ID 책갈피**

 안녕하세요.
사이트를 돌아다니다가 마음과 다르게 오해받고 있는 고슴도치님의 답답한 마음이 저도 느껴지는 것 같아 글을 남겨요.

단지 마음을 알아줬으면 해서 꺼낸 말들인데...
감정적으로 부딪히고 소모하지 않으려고 했던 것뿐인데... 그런 진심을 알아주지 않는 상대방이 밉게 느껴지기도 했을 것 같아요.

그런데 시간이 지나면서 뒤돌아보니 후회도 되고... 생각하지 못했던 나의 문제가 보이고... 내 방식이 잘못된 것은 아닌지 조금은 겁도 나고... 이제 어떻게 해야 할지 혼란스러운 마음도 느껴지는 것 같아요. 하지만 전 고슴도치님이 나름대로 상대방을 배려하려고 했다고 생각해요. 사실, 화가 나는 상황에서 감정을 가라앉히고 흥분하지 않으려 하는 것은 쉬운 일은 아니잖아요.

상대방에게 감정적으로 함부로 대하지 않으려는 고슴도치님의 마음이 있었던 것은 아닐까요? 그 소중한 마음이 상대방에게 전해지지 않고 서로에게 상처만 주게 된다면 너무나 슬플 것 같아요.

예전에 《K팝스타》라는 프로그램에서 박진영 씨가 한 말이 떠오르네요.

"머리로 노래하면 머리로 듣고, 가슴으로 노래하면 가슴으로 듣는다."

대화도 마찬가지 아닐까요?

사실, 솔직한 마음을 보여 주는 일은 용기가 필요한 일입니다.

어색하게 느껴지고, 자칫 보여 주었다가 다른 사람에게 상처를 받지 않을까 무섭죠.

하지만 고슴도치님을 소중하게 생각하는 사람이라면 고슴도치님이 가슴으로 꺼낸 마음을 가슴으로 받아 주지 않을까 하고 기대해 봅니다.

겉은 강하지만 마음은 여린 고슴도치님을 저도 응원하겠습니다.

또 힘들어지고, 이야기 나누고 싶어지면 언제든지 다시 글을 올려 주세요. ^^

"스킨십, 어디까지 괜찮은가요?"

ID 순수

저는 중3 여자인데... 남자친구가 스킨십을 바라는 것 같아요.

전에는 안 그랬는데... 사귄 지 1년 정도 되니까 드라마에서 누구누구 키스신 봤냐는 등 속 보이는 질문도 하고요... 분위기 만들면서 접촉을 시도하는 것 같은데... 마냥 피하는 것도 미안하고... 멀어질까 봐 겁도 나고요. 그렇다고 다 받아 줄 수도 없고...

어디까지가 맞는 건지 고민이에요.

"스킨십, 어디까지 괜찮은가요?"

Re: ID 책갈피

남자친구를 정말 좋아하는 마음이 저에게도 느껴지네요.
^^

그런데 그렇게 좋아하는 남자친구가 스킨십을 원하는 게
느껴져서 정말 고민이시겠어요... 1년 동안 소중하게 지켜 온 사랑인데
피하기만 하는 게 미안한 마음도 들고... 어쩌면 헤어지게 되지는 않을
까 걱정도 될 것 같아요. 또 남자친구가 바라는 대로 스킨십을 하자니
겁도 나고... 자칫 바라지 않는 선을 넘게 되지 않을까 망설이는 것 같
아요. 사실, 좋아하는 이성에게 스킨십을 하고 싶은 것은 너무나 자연
스러운 일이에요.

스킨십 자체는 나쁜 행동이 아니라 오히려 서로의 마음을 확인하고
더 가까이 연결해 주기도 하는 '표현 방식'이에요. 하지만 잘못된 언어
가 상대방에게 상처를 주듯이 원하지 않는 스킨십은 서로에게 큰 상처
로 남을 수도 있다는 점도 꼭 기억해야 해요...

남자친구를 사랑하는 순수님의 마음은 너무나 예쁘고 응원해 드리고
싶어요. 하지만 먼저, 남자친구가 아닌 순수님 본인이 스킨십을 원하는
지 잘 생각해 봐야 할 것 같아요.

혹여나 남자친구와의 관계를 유지하기 위해서 또는 남자친구가 실망
하거나 떠날까 봐 걱정되어서 스킨십을 허락하려는 것은 아닌지... 연애

는 혼자서 할 수 없듯이 서로가 원할 때 스킨십을 하는 것이 서로를 사랑하고 배려하는 길이라고 생각해요.

만약 순수님도 스킨십을 하고 싶은 마음이 있다면, 스스로 생각했을 때 어디까지 허용할 수 있는지 그리고 절대 허용할 수 없는 스킨십은 무엇인지 고민해 보세요.

그리고 남자친구에게 솔직하게 이야기하고, 순수님의 생각을 존중해 달라고 하는 것은 어떨까요? 물론, 순수님이 아직 스킨십에 거부감이 있다면 그 마음도 솔직하게 말씀해 보세요. 남자친구가 순수님을 아끼고 사랑한다면 분명 순수님의 이야기를 진지하게 듣고 함께 고민해 주리라 믿어요. ^^

무엇보다 남자친구가 소중한 만큼 순수님 자신도 소중한 사람이라는 거 꼭 잊지 말았으면 해요.

순수님의 아름다운 사랑을 저도 응원하겠습니다.

"친구랑 저랑 같은 남자를 좋아하고 있어요."

 ID 짝사랑

 안녕하세요, 저는 중학교 2학년 여자입니다. 요새 고민이 있어서 너무 답답한데, 말할 수 있는 곳이 없어서 이곳에 글을 올리게 되었어요. ㅠㅠ 읽어 보시고 댓글 좀 달아 주세요.

제가 초등학교 때부터 친하게 지내 온 절친이 있는데 같은 중학교에 와서 1학년 땐 다른 반이었다가 2학년 되고 같은 반이 되어서 더 친하게 지내고 있어요. 중학교 올라오면서부터는 학원도 둘이 같이 다니게 되어서 거의 하루 종일 붙어 있다시피 하는데, 어쩌다 보니 학원 같은 반에 있는 남자애 한 명이랑도 친해져서 학교 끝나고 절친이랑 그 남자애랑 이렇게 셋이서 같이 다니는 시간이 많아졌어요.

이 남자애는 진심인지 아닌지는 모르겠지만 처음에 친해질 때부터 계속 제 절친한테 좋아한다 그리고 이상형이라고 그리고 뭐 그런 장난을 자주 쳤어요. 근데 얼마 전에 제 절친이 저한테 요즘 그 남자애가 그런 장난을 치는 게 자꾸 신경이 쓰인다고 하더라고요. 그러면서 자기도 좀 좋아하는 것 같다고... 문제는 이 남자애가 친절하고 착하고 다른 남자애들이랑은 다르게 욕도 잘 안 하고 그래서 같이 다니다 보니까 저도 이 남자애를 좋아하는 마음이 생기기 시작했다는 거예요. ㅠㅠ 제 절친은 저도 그 남자애한테 호감이 있다는 걸 전혀 모르니까 자꾸 저에게 고민 상담(?) 같은 걸 하면서 그 남자애랑 개인톡 했던 얘기도 막 해 주고 보여주고 그래요... 그런 얘기 들을 때마다 마음이 불편해서 그 남자애랑 제 절친이 빨리 사귀게 도와주려고 나름 노력하고 있는데 그것도 잘 안 되네요. ㅠㅠ

이 남자애는 그냥 장난처럼 말하기는 하는데 제 절친을 진심으로 좋아하는 것 같고요... 개인톡 했던 얘기 듣다 보면 '아... 진짜 좋아하나 보네. 난 포기해야겠다.' 하는 생각이 들어요. ㅠㅠ 아, 근데 또 얘가 하는 행동들이, ㅠㅠ 워낙 친절한 애다 보니까 저한테 막 친절하게 대해 주고 제가 덥다 그러니까 자기가 노트로 부채질도 해 주고 "오구오구～"하면서 머리를 쓰다듬어 줄 때도 있고 가방이나 짐 같은 거 무거우면 대신 들어 주기도 하고... 그러다 보니 제 절친은 저한테 그런 게 싫다고 말하더라고요. ㅠㅠ 아무 여자한테나 다 잘해 주고 막 친절하게 대하는 게 자긴 이해가안 간다고... 다음부터 그 남자애가 그러면 니가 하지 말라고 말하라고... 그 얘기 들으니까 저도 그 남자애 좋아하는데 조금 속상하기도 하고 ㅠㅠ 근데 제 친구는 제가 그런 걸 모르니까, 그리고 저랑 절친이니까 솔직하게 얘기하는 것 같아서 저는 중간에서

어떻게 해야 할지도 모르겠고 자꾸 그 남자애를 좋아하는 마음도 커져서 너무 답답해요. ㅠㅠ

　이런 걸 다른 친구들한테 말할 수도 없고... 저 혼자 끙끙 앓고 있으려니 너무 힘들어요. ㅠㅠ 공부도 잘 안 되고 잠도 잘 안 오고... 어떻게 하면 좋을까요? ㅠㅠ

Re: **ID 웃음의 여왕**

안녕하세요, 짝사랑님!

누군가를 나 혼자 좋아한다는 것만으로도 감정이 오르락내리락하고, 마음이 힘들고 생각이 많아질 텐데, 심지어 가장 친한 친구와 같은 남자아이를 좋아한다는 사실이 정말 답답하고 힘들 것 같다는 생각이 들어요. 그럼에도 불구하고 그 친구와 남자아이를 이어 주려고 노력했다니, 짝사랑님이 정말 대단하기도 하고 좋은 친구라는 생각이 들었어요.

사람이 누군가를 좋아하는 마음은 내 마음대로 조절할 수 있는 것도 아니고, 그만두려고 노력한다고 해서 쉽게 그만할 수 있는 부분도 아닌 것 같아요. 그런 마음을 친구와 나눌 수만 있어도 조금은 고민이 덜해질 수도 있을 텐데, 친구에게 말할 수도 없는 상황이어서 짝사랑님이 얼마나 혼자서 마음을 끓이고 있을까... 하는 걱정이 들더라고요.

이건 제 생각인데, 어차피 포기하려는 생각을 하게 되었다면, 지금 짝사랑님의 솔직한 마음 상태를 그 절친에게 한 번 전달해 보는 것은 어떨까 싶어요. 나도 그 아이가 자꾸 좋게 보인다, 하지만 너희 둘이 서로 좋아하는 것이 보여서 나는 포기하려고 노력 중이고, 둘이 잘 되었으면 하는 마음에 도와주려고 내 나름대로 노력도 하고 있다, 너희 둘다 정말 좋은 친구라고 생각한다, 뭐 그런 식으로 짝사랑님의 마음을 솔직하게 친구에게 전한다면 친구 관계에서 괜한 오해도 생기지 않고 오히려 이런 일을 계기로 더 가까운 친구 사이가 될 수도 있지 않을까 생각해요.

그리고 짝사랑님의 마음을 위해, 그 남자아이와 지금보다는 약간 거리를 두고 지내는 것은 어떨까 하는 생각도 들어요. 사람이 계속 만나고 계속 함께하다 보면 좋은 감정이 생기고 정이 드는 것은 너무나 당연한 일인 것 같아요. 그렇게 발전되어서 남자친구, 여자친구의 관계가 된다면 더할 나위 없이 좋겠지만, 지금 짝사랑님은 나름 포기하려고 노력하는 거니까. ㅠㅠ 마음이 어느 정도 정리될 때까지는 학원 끝나고 그 남자아이와 함께 어울리는 시간도 조금은 줄이고, 톡을 하는 것도 줄이고 하면 어떨까 싶어요. 물론 지금처럼 계속 가깝고 좋은 친구 사이로 지내면서 자연스레 마음이 정리되면 가장 좋겠지만, 그게 쉬운 일이라면 짝사랑님이 이런 고민도 하지 않았을 테니까요. ㅠㅠ

만약 친구와 그 남자아이가 잘 되어서 사귀게 되면, 그건 또 그것 나름대로 짝사랑님의 감정이 다칠 것 같아서 걱정이 됩니다. 하지만 앞으로도 더 좋은 사람들을 많이 만날 것이라고 생각하고, 그중에는 짝사랑님을 좋아하고 짝사랑님도 자연스레 마음이 가는 그런 사람도 있을 것이니 지금의 감정은 토닥토닥 잘 덮어 두고, 친구와도 그 남자아이와도 계속 좋은 친구로 잘 지냈으면 좋겠다는 생각이 들어요. 그리고 지금 꼭 사귀는 사이가 되지 않더라도, 짝사랑님도 이렇게 예쁜 마음을 가진 사람이고 그 남자아이도 그렇다면, 먼 훗날 그 좋은 감정을 가지고 있다가 좋은 관계로 발전할 수도 있으니 지금의 마음에 너무 많이 힘들어하지는 않았으면 좋겠어요.

누군가와 서로 마음이 통해서 연인이 되는 것은 보통 힘든 일이 아니라는 생각이 들어요. 지금은 비록 나 혼자 좋아하는 마음으로 힘들어하고 있지만, 언젠가 짝사랑님에게도 마음이 통하는 상대가 찾아올 거라고 믿어요. 답답하고 힘들고 공부도 손에 안 잡히겠지만, 조금씩 다른 일들에 집중하려고 노력하며 마음을 잘 다독여 주었으면 좋겠어요. 힘내세요!

"왜 내 얼굴을 남이 평가하나요?"

 ID 나그네

 사람들은 유난히 여자의 외모를 많이 평가하는 것 같아요.

남동생보다 제가 더 그런 말을 많이 들어요.

살 좀 빼면 더 예쁘겠다, 나중에 쌍꺼풀 수술 해야겠다 등...

자꾸 외모에 대해 안 좋은 평가를 들으니까 저 자신이 하찮은 사람 같이 느껴져요.

Re: ID 아낌없이 주는 나무

안녕하세요. 나그네님, 반갑습니다. ^^

외모에 대한 평가로 마음이 힘들었을 나그네님의 글에 공감되어, 격려하고자 이렇게 답글을 달아요. 나그네님의 말대로, 요즘은 유난히 사람들이 외모에 대해서 평가하는 말들을 적지 않게 듣게 되지요.

주변 사람들 몇몇이 나그네님의 지금 모습 그대로를 인정해 주는 것이 아니라, 개인적인 잣대를 가지고 나그네님의 외모에 대해 판단하는 말들을 듣게 되었을 때, 얼마나 마음이 힘들고 속상했을까 하는 생각이 들어요... 외모는 자신만의 자아를 표현하는 고유의 정체성인데, 나의 외모에 대한 타인들의 지나친 관심은 부담스러울 뿐만 아니라 나의 자긍심마저 손상시키지요.

나그네님이 타인의 주관적인 판단을 들었을 때, 자신이 '하찮은 사람' 같이 느껴진다고 했는데, 너무나 소중한, 세상에 하나뿐인 나그네님 자신을 그렇게 표현한 부분이 너무 마음 아팠어요. 나는 나일 뿐인데, 남들의 판단 때문에 자기 자신을 평가절하하는 것 아닌가 하는 생각이 들었어요. 그러한 느낌이 든 원인이 나에 대한 타인의 외모 지적인가요? 그 이유라면, 우리 나그네님이 어떠한 방식으로 이 상황을 대처할 수 있을지 함께 생각해 보면 좋을 것 같아요.

타인의 주관적 잣대에 나의 외모를 맞출 필요는 없지만, 만약 저의 경우라면 나에게 어울리는 예쁜 화장법이나, 패션을 스타일링하는 방법에 대해서 인터넷에서 검색해 보는 것도 도움이 될 것 같다는 생각이 들어요. 타인의 부정적인 피드백을 긍정적인 변화의 기회로 삼는 것이죠.

또 하나는, 나의 외모를 오히려 인정하고 수용하는 것이에요. 예를 들어, '너는 쌍꺼풀이 없구나, 수술해야겠다.' 라는 식의 피드백을 받았을 때, '비록 쌍꺼풀은 없지만, 제 눈이 매력 있는 것 같아서 좋아요.' 라고 대답한다면, 상대방도 나의 외모에 대해서 달리 생각하게 되고, 나 또한 나 자신을 인정해 주는 말로 인해 자긍심에도 긍정적인 영향을 미칠 것이라고 생각이 들어요.

나그네님, 우리의 외모는 각각 독특한 매력을 가진 고유한 선물이라고 생각이 돼요. 나그네님의 외적, 내적 강점은 어떤 것들이 있는지 이번 기회에 자신에 대해 더 깊이 탐색해 보고 알아보는 것도 의미 있는 시간이 될 것이라는 생각이 듭니다. ^^

| 학교 적응이 힘들어요 |

"어떻게 하면 예쁨받을 수 있을까요?"

 ID 귀요미

안녕하세요! 이제 중학교 3학년 올라가는 여학생입니다.

새 학기부터 다른 학교로 전학을 가게 되었는데요...
갑자기 다른 학교에 간다고 생각하니까 긴장되고 걱정되고 그래요...

친구들은 잘 사귈 수 있을지 걱정되고,

선생님들한테 관심을 받을 수 있을지 고민도 되고요...

그래도 친구 사귀는 건 원래 별로 힘들어하지 않아서 괜찮을 것 같은데...

선생님들한테 어떻게 하면 제 이름을 기억하시게 할 수 있을지 걱정이에요.

지금 학교에서도 사실 제가 수업을 열심히 듣기는 하는데 공부를 그렇게 잘하지도 못하고, 그래서 선생님들이 제 이름을 많이 모르셨거든요...

맨날 이름이 뭐였지? 하면서 다시 물어보시고...

제가 수업을 열심히 듣긴 하는데 막 적극적으로 질문하고 그러지는 못하거든요...

전학 가는 학교에서는 수업 시간에 질문도 열심히 하고 대답도 잘하고 그러면 선생님이 저를 빨리 기억해 주실까요?

공부도 더 열심히 하고요. ^^;;

전학 가는 학교는 1년 밖에 못 다니니까...

여름방학 전까지는 선생님들이 제 이름을 기억해 주셨으면 좋겠는데...

그리고 나중에 여름방학하고 나서 친구들 만나러 지금 사는 동네에 다시 놀러올 때, 친구들이랑 같이 2학년까지 다닌 학교에 선생님들께도 인사하러 한 번 가 보려고 하는데, 그때 찾아가면 선생님들이 저를 기억하고 계실지 걱정이에요...

막상 가서 인사 드렸는데 "네가 누구지?" 하시면 괜히 상처받을까 봐 걱정도 되고요... 이런 걱정 때문에 새로 전학 가는 학교에서는 선생님들께서 빨리 제 이름을 기억해 주셨으면 좋겠다 하는 것도 있어요...

어떻게 하면 새로운 학교에서 선생님들께 예쁨받을 수 있을까요?

수업 시간에 적극적으로 하는 것만으로 선생님들이 제 이름을 기억하실까요? 혹시 다른 좋은 방법이 있다면 친절하게 알려 주시면 좋겠어요! 감사합니다. ^^

Re: ID 웃음의 여왕

안녕하세요, 귀요미님. 만나서 반가워요!

선생님께서 이름을 기억해 주셨으면 한다는 귀요미님의 고민이 전 너무 예쁘고 좋게 느껴졌어요. 게다가 적극적으로 수업 시간에 참여하려고 노력할 거라는 귀요미님의 계획을 보면서 저도 모르게 웃음을 짓게 되더라고요. 정말 좋은 생각인 것 같아요!

저 역시 학교 다닐 때 선생님들의 관심을 받고 싶어 한 것 같은데, 저 같은 경우에는 귀요미님처럼 적극적으로는 하지 못하고 혼자서 소소한 노력들을 했어요. 특별한 일 없이도 매일매일 교무실에 들러 본다거나, 수업시간에 절대! 졸거나 다른 일을 하지 않고 선생님만 바라본다거나, 복도를 지나다닐 때마다 웃으면서 열심히 인사를 한다거나 하면서요. ^-^

선생님께서 빨리 알아봐 주셨으면 하는 마음에 스스로 열심히 노력해 보려는 귀요미님이 정말 대견하게 느껴집니다. 새로 전학 온 학생이니까 아무래도 열심히 노력하고 웃으면서 인사하면 선생님께서 더 관심 있게 봐 주시지 않을까 싶어요.

또 여름방학에 이전 학교 선생님들을 찾아뵈러 가겠다는 귀요미님의 마음도 참 예쁘네요. 물론 선생님에 따라서 학생을 더 잘 기억하시는 분들도 계시고 잘 기억 못 하시는 분들도 계시겠지만, 이렇게 예쁜 마음을 가진 학생이라면 분명 알아봐 주시는 선생님이 계시지 않을까 하는 생각이 들어요.

만약 선생님께서 귀요미님을 알아보지 못하신다면 조금 창피하고 무안한 마음도 들 수 있고 속상하기도 하겠지만, 그래도 그렇게 인사를 드리고 다시 한 번 이름을 말씀드리고 한다면 그다음부터는 선생님도 오래오래 기억해 주실 것 같아요.

살던 동네도 바뀌고 새 학교, 새 친구들, 새로운 선생님들과 여러 가지 새로운 환경에 적응하느라 힘든 일도 많을 텐데 지금처럼 예쁜 마음으로 즐거운 학교생활을 하게 되면 좋겠어요.

귀요미님의 다짐처럼 먼저 다가가고, 적극적으로 열심히 하는 모습을 보인다면 분명 선생님들께서도 알아봐 주시고 관심을 가져 주실 것 같아요. 그러다 보면 자연스럽게 귀요미님의 이름도 금방 기억해 주시지 않을까요?

새로운 학교에서 좋은 친구들도 많이 만나고,
선생님들께도 예쁨 많이 받는 학생이 되길! 화이팅입니다! ^–^

"입학하고 나면
새로운 친구들과 친해지겠죠?"

 ID 펭귄

안녕하세요. 이제 대학교에 들어가는 여학생입니다. 이번에 대학교에 합격하면서 SNS를 통해 새로운 동기들을 알게 되었어요.

거기서 몇몇 애들은 글 올리면 서로 좋아요도 눌러 주고 댓글도 달아 주고... 아직 실제로 보지 않았는데도 서로 농담도 주고받으면서 벌써 친해진 것 같더라고요. 반면에 저는 쉽게 남들과 대화하거나 남들 대화에 끼지 못하는 성격이어서 그런지 다른 애들처럼 활발하게 활동하지 못하고 있어요... 또 제가 올리는 글에는 동기들이 좋아요나 댓글을 잘 안 해 주더라고요... 물론 해 주는 친구도 있긴 한데 거의 잘 안 해 주더라고요...

그래서 활동을 잘 안 하게 되는데... 다른 친구들끼리 이미 친해져서 저 혼자 다니게 될까 봐 걱정이 돼요... 지금은 동기들이랑 잘 어울리지 못하고 있지만 그래도 대학교에 입학하고 오리엔테이션도 가고 엠티도 가고 다른 활동들을 하다 보면 새로운 친구를 사귈 수 있겠죠?

"입학하고 나면 새로운 친구들과 친해지겠죠?"

안녕하세요~ 펭귄님.

펭귄님의 글을 보니 새로운 학교에 입학하기 전에 느껴지는 걱정과 두려움 그리고 기대와 떨림이 전해지면서 저 또한 같이 기대되고 떨리네요~

펭귄님은 다른 친구들에 비해 쉽게 다가가지 못하는 성격인데, 펭귄님의 글에는 호응이 별로 없는 것 같아 그만큼 활동을 잘 안 하게 되고 그러다 보니 걱정되었겠어요. 게다가 대학교에 입학하고 나면 중·고등학생 때와는 달리 처음 보는 친구들이 대부분일 텐데, 만나기도 전에 다른 친구들은 이미 서로 장난도 치고 좋아요도 눌러 주며 친근하게 소통하는 모습을 보면서 더욱 그랬겠어요. 그래도 다른 친구들만큼은 아니지만 펭귄님도 어느 정도 같이 소통을 하면서 펭귄님의 글에 좋아요도 눌러 주고 호응해 주는 친구가 있다고 하니 다행이에요.

지금 펭귄님이 느끼는 걱정은 대부분의 사람들 또한 새로운 학교에 입학하기 전에 느끼는 걱정인 만큼 당연한 거라 생각해요~ 저 또한 그랬으니까요. ^^

SNS상에서 서로 친근하게 활동하는 동기들도 있겠지만 반면에 활동을 잘 하지 않는 동기들도 분명 생각보다 많을 거고, 그런 친구들 또한 펭귄님과 같은 고민을 하고 있을지도 몰라요.

이제 대학교에 입학하고 나면 새로운 동기들을 실제로 보게 될 텐데, 학교 수업과 오리엔테이션 그리고 개강총회 등 여러 가지 활동들을 하다 보면 동기들과 친해질 계기도 많아지고, 그러다 보면 분명 자연스럽게 동기들과 친해질 수 있을 거예요.

혹시 펭귄님이 친해지고 싶은 친구가 있다면 용기 내서 먼저 다가가 보는 건 어떨까요? 어쩌면 다른 친구들도 새로운 친구가 먼저 다가와 주길 바라고 있을지도 몰라요.

펭귄님이 지금 SNS상에서 다른 사람들에 비해 쉽게 다가가지 못한다고 해도 다양한 지역에서 다양한 사람이 모이는 대학교인 만큼 그 속에 분명 펭귄님의 친구가 있을 거라 생각해요!

이제 새로운 대학 생활을 시작하면서 기대도 되고 떨릴 텐데, 기대되고 떨리는 만큼 새로운 친구들을 많이 사귈 수 있길 바랄게요~!

"예비중학생입니다.
친구 만들 수 있겠죠?"

 ID 다롱이♥

안녕하세요? 저는 6학년 여학생입니다. ^^

조금 있으면 중학교에 올라가는데 고민이 있어요.

제가 집이 이사를 해서 6학년 때 전학을 왔거든요. 그래서 학교에 그나마 친한 친구들이 같은 반에 몇 명밖에 없어요.

이제 중학교에 가게 되면 뿔뿔이 흩어져서 같은 반에 아는 애가 한 명도 없으면 어떡하지 하고 걱정돼요. 6학년 첫날에 전학 와서 처음에 소심하게 조용히 있었더니 맘에 안 드는 무리에 들어가게 되었어요. 걔네랑은 잘 지냈지만... 그래서 안 그래도 소심한데 더 소심하게 살았어요. ㅠㅠ

다신 그때 같은 실수는 반복하고 싶지 않아요. 그래서 중학교에 가면 좋은 친구들을 만나고 싶고 즐거운 학교생활을 하고 싶은데, 진짜 아무도 모르는 상태에서 친구들과 친해지려면 어떻게 말을 걸어야 할지 모르겠어요.

또 예전에 다니던 학교에서 친했던 애들은 다 같은 학교로 간다는데 저만 떨어져 버려서 걔네끼리만 친하게 지내면 어떡할까 하는 걱정도 들고요. ㅠㅠ

전학 안 왔으면 좋았을 거 같은데... 읽어 주셔서 감사해요... ^^;

ID 밀크티

 다롱이♥님, 안녕하세요. ^^
중학교 입학을 앞두고 있다니 정말 설레기도 하고 걱정
도 되고 그럴 것 같아요.

6학년 때 전학을 갔으면 친구 사귀기가 정말 쉽지 않았을 것 같아요~
소심하게 조용히 있어서 더욱 그랬나 하는 생각도 들고, 결국 맘에 안
드는 무리에서 지내게 되어 속상했을 것 같아요~ 예전 친구들이 더 그
리웠을 것도 같고요...

중학교에 가서 좋은 친구들을 사귀기 위해 노력해 보려는 생각 참
좋은 것 같아요. ^^ 맘에 드는 친구가 있으면 먼저 반갑게 인사해 보세
요. 용기 내서 다가가면 상대방도 반갑고 고마워하거든요.

처음엔 어색해도 점점 알아 가며 친해질 수 있을 거예요~ 친했던
친구들이랑 흩어져도 나중에 다시 만나 연락하면 어제 만난 친구들처
럼 자연스러워져요. 추억을 나눈 친구들은 아주 소중하거든요~

너무 걱정하지 말고, 용기 내세요! 먼저 웃으면서 손 내밀면 괜찮아
요~^^

"학교폭력 이후 학교가 지옥 같아요."

 ID 리베리

안녕하세요. 저는 중3이고, 너무 답답하고 참기가 힘들어서 여기에 글을 올려요.

재작년까지 전 밝고 성격이 좋다는 얘기도 많이 듣고 친구들이랑 잘 어울렸습니다. 그러다 작년에 같은 반 일진 애랑 어쩌다 시비가 붙었어요. 다른 애들이 다 쳐다 보니 자존심이 발동해서 싸웠는데 당연히 제가 밀려서 졌어요.

이날부터 저의 학교생활은 지옥이었습니다.

그렇게 지고 나니 일진 애들 무리가 저를 호구 취급하기 시작했고 1년 동안 학교폭력을 계속 당했어요. 맞는 건 그냥 일상이고 돈, 먹을 것, 신발 같은 걸 자기 것처럼 그냥 가져가요.

조금이라도 반항했다가는 그날은 거의 반죽음이 되니, 하라는 대로 했습니다. 친했던 애들도 제가 이렇게 되니 저를 피하고 아무도 저랑 같이 있으려고 하지 않더라고요.

선생님은 물론 엄마 아빠한테도 얘기 못 했어요. 더 큰 보복이 올 게 당연했거든요. 학년이 바뀌면서 상황은 많이 나아졌는데 성격이 완전히 변했습니다.

무시를 당하거나 억울한 상황에서도 아무 말 못 하고 참아요. 해야 할 말을 못 하고 참기만 하니까 가슴이 항상 꽉 막힌 것 같고 시도 때도 없이 눈물이 계속 납니다.

제가 벗어날 수 있을지 답답하기만 하네요.

"학교폭력 이후 학교가 지옥 같아요."

 ID 구름

 안녕하세요, 리베리님.

일진 애들한테 괴롭힘을 당하기 시작하면서 친했던 친구들마저 등을 돌리고, 행여 더 큰 보복이 올까 봐 가족이나 선생님에게도 선뜻 도움을 청하지 못하고 그 고통을 혼자 감당하고 있을 리베리님을 생각하니 마음이 아파 옵니다.

지옥 같은 생활을 털어놓지도 못하고 참아 온 것들이 마음속에 켜켜이 쌓여 이제는 성격도 변하고 시도 때도 없이 눈물이 난다니 지금껏 얼마나 힘이 들었을까요...

오랜 시간 일방적으로 괴롭힘을 당하고 비난을 들으면 누구라도 자신감이 낮아지고 하고 싶은 말을 제대로 하는 것이 두려워지기 마련이에요. 리베리님의 그 마음이 충분히 이해가 됩니다.

그래도 이렇게라도 리베리님이 힘들어하고 있다는 걸 털어놓아서 한편으론 다행이에요. 이 상황에서 벗어나기 위해 첫걸음을 뗀 것 같아서요... 학교폭력은 혼자 견디고 감당할 수 있는 문제가 아니라 도와줄 수 있는 사람들에게 도움을 요청해서 벗어나야 합니다.

용기를 내서 나를 도와줄 부모님, 선생님 혹은 친구를 한 번 떠올려 보세요. 함께 상의해서 더 이상 폭력이 일어나지 않도록 방법을 찾아보고 그래도 안 된다면 학교폭력 신고상담센터인 117[1]을 통해 학교폭력 신고를 하는 것을 권하고 싶어요. 전화가 부담스럽다면 #0117로 문자 전송을 통해서도 가능하고요.

만약 용기가 나지 않는다면 우선 상담을 통해 답답한 마음을 조금이라도 풀 수 있었으면 합니다. 청소년사이버상담센터 홈페이지 (http://www.cyber1388.kr)에서 24시간 채팅상담을 신청할 수도 있고 청소년 전화상담 1388[2]로 전화나 문자 상담을 할 수도 있어요. 학교폭력으로 얼룩진 마음의 상처들을 상담 선생님께 털어놓았으면 좋겠어요. 누군가가 나의 이야기를 들어 준다는 것만으로도 위안이 되고, 답답함도 많이 사라질 수 있으니까요. 게시판이라 제가 리베리님의 이야기를 더 들어 줄 수는 없어서 많이 안타깝네요.

예전처럼 밝고 씩씩한 리베리님의 모습을 되찾으시리라 믿으면서 그날이 올 때까지 응원하겠습니다. 리베리님한테서 좋은 소식을 전해들을 수 있길 바라며...

"학교 가기가 너무 싫어요."

ID 달빛소년

이상하게 학교에 적응하는 것이 힘들어요.

처음 고등학생이 돼서 한 학기를 보내고 이제 2학기를 시작하려는데, 마음이 편하지가 않네요.

1학기 때 학교 가기가 너무 싫었거든요.

이상하게 눈치도 보이고, 이제 고등학교다 보니 그 자체로 부담도 느껴지고... 그렇다고 학교생활에서 특별히 문제가 있진 않아요. 친구들도 있고, 별명도 생기고, 선생님한테 가끔 칭찬도 받고 있거든요. 평범하게 지내고 있다고 생각하는데 저는 친구들이 좀 불편하기도 하고 친구들과 떠드는 게 별로 재미있지도 않아요.

어떻게 하면 학교에 적응할 수 있을까요?

"학교 가기가 너무 싫어요."

 Re: ID 책갈피

학교생활에서 특별한 문제가 없는데도 적응이 힘들어서 달빛소년님이 참 불편하게 느끼셨을 것 같아요.

그래도 한 학기 동안 나름대로 친구들도 사귀고 선생님께 인정도 받을 정도로 문제 없이 잘 지내 왔다고 생각했는데... 왠지 친구들과 거리감도 느껴지고 처음 고등학생이 되어서 중학교 때와 다른 분위기가 낯설게도 느껴지고... 친구 관계도 새롭고 다르게 시작하다 보니 많이 긴장되고 부담되었을 것 같아요.

특히나, 고등학생이 되면 여러 가지로 중학교 때와 다른 분위기 때문에 놀라게 되는 것 같아요. 나는 특별히 달라진 게 없는 것 같은데 이제는 마냥 놀거나 철없이 지내면 안 될 것 같고... 앞으로 무엇을 해야 할지 고민도 하게 되더군요. 이유 없이 뭔가 불안한데 그 이유를 몰라 답답하게도 느껴질 것 같아요. 더구나 고등학생이 되면 '수능'이라는 큰 시험을 준비해야 하니 그것만으로도 얼마나 부담감이 느껴질지 짐작이 됩니다.

중학교 때처럼 친구들과 스스럼없이 이야기하고 같이 웃고 놀고, 수업 시간엔 선생님 말씀에 집중하면서 성적도 오르고... 한 번 뿐인 고등학교 생활을 잘 적응해서 즐겁고 후회 없이 보내고 싶은데 이런 부담감들이 괴롭히고 마음도 편하지 않아서 많이 괴로웠을 것 같아요.

그럼에도 포기하지 않고 학교에 잘 적응해 보려는 달빛소년님의 노력이 참 대단하게 느껴져요. 저도 학교 다닐 때 처음 고등학생이 되어서 시작하는 학교생활이 쉽지 않았어요. 많은 부분이 중학교 때와는 다르니까요.

다행히 친구 관계는 시간이 지나니까 자연스럽게 적응하게 되었던 것 같아요. 다른 친구들 역시 처음 맞는 고등학교 생활이다 보니 한 학기만으로는 서로 알아 가고 적응하는 데 부족한 시간이었을지 몰라요.

시간이 지나고 서로에 대해 알아 가면서 자연스럽게 친구들과 친해질 수 있을 거라 생각해요.

저는 그렇게 친해진 친구들과 서로 축구를 하거나 게임을 하면서 답답한 스트레스를 날려 버리곤 했어요. 가끔은 서로 미래에 대한 진지한 이야기도 하면서 미래를 준비하고... 학업적으로는 중학교 때와 다른 난이도에 적응하는 것이 우선이었어요.

공부하는 시간을 늘려 가면서 예습과 복습을 하고, 모르는 것은 선생님한테 물어보고요. 책을 읽거나 무언가를 모으는 자기만의 취미생활을 갖는 것도 도움이 될 것 같아요.

지금 생각해 보면 저는 고등학생이 되어서 느끼는 부담감과 사춘기를 같이 겪었던 것 같아요. 달빛소년님도 저와 같은 마음일지 모르겠지만, 너무 조급해하지 않고 천천히 하나하나 준비해 나간다면 분명 지금 느끼는 부담감과 불편감에서 벗어나 학교생활에 잘 적응해 나갈 수 있지 않을까 생각합니다.

사려 깊은 달빛소년님을 저도 응원하겠습니다.

| 학업 · 진로가 막막해요 |

"현실에서 도망가고 싶어요."

 ID 새벽별

고민 많은 고3 여학생입니다.

올해 초만 해도 주위에서 이제 고3이라고 걱정하는 것에 비해 전 담담하더라고요. 이런저런 생각 않고 공부에만 집중하니 아이러니하게도 고3인데도 새가 된 듯한 자유로움마저 느꼈거든요.

근데... 지금은 전혀 그렇지 못하고 가슴이 너무 답답하네요.

나는 누구인지, 왜 학교를 다녀야 하는지...

공부를 잘하는 것도 아니고 그렇다고 재밌게 놀아 보지도 못하고 왜 이렇게 어중이떠중이처럼 사나 싶어요.

그러면서 속으로 극적으로 사는 제 모습을 상상해 봐요. 제복이 잘 어울리는 여군 장교도 돼 보고 멋진 남자친구랑 데이트도 해 보고 원하는 대학에 떡하니 합격해서 엄마가 깜짝 놀라는 모습도 보고... ^^ 그러다 정신 차리면 현실은... 슬프네요. ㅠㅠ

수시모집으로 대학이 결정된 친구들도 있고 진로에 대한 생각이 딱 확고한 친구들도 있는데 철부지같이 허황한 상상이나 하는 잘나지 못한 저 자신에게 실망도 되고 다 적지는 못하지만 여러 가지 이유로 힘이 들어요.

이럴 바엔 차라리 인간관계 다 끊고 머리 깎고 절로 들어가든지 아무도 모르는 곳에서 홀로 살까요?

이 못마땅하고 바보 같은 현실에서 도망가 버리고 싶다는 생각을 계속하게 돼요... 중요한 시기에 이런 생각만 하는 저 자신이 한심해서 또 우울해지고 불안해요... 친구도 별로 없고 언니도 없어서 누구 한 사람 괜찮다고 말해 주는 사람도 없네요. ㅠㅠ

ID 토닥토닥

 반가워요, 새벽별님~

글을 읽으면서 님의 절실한 고민이 안쓰럽게 느껴져 옆에 있다면 아무 말 없이 손을 꼭 잡아 주거나 등을 토닥여 주고 싶은 마음이 드네요.

고3이 되고 한 학기가 끝나 가는 시점에서 많이 지치고 힘든 상태인 것 같아요. 여기에 적은 내용 외에도 여러 가지 다른 고민이 있다니, 공부에 집중해야 한다는 생각과 함께 마음의 부담이 크겠어요. 그 고민들을 맘 편히 털어놓을 사람도 없다면 더 외롭고 힘들겠지요. 님 안에도 여러 가지 바라는 바가 있는데 현재의 상황이 얼마나 답답할지 다 안다고는 못 하겠지만 공감이 되네요.

그렇지만 새벽별님처럼 자신에 대해 진지하게 고민하고 이렇게 자신의 고민을 솔직하게 말할 용기를 가진 분이라면 분명 이 시기를 잘 이겨 내고 웃을 수 있을 거라는 생각이 듭니다. 자신에게 실망한다는 것은 자기 자신에게 거는 기대도 있고 또 목표를 향해 그만큼 노력한다는 뜻이기도 하잖아요.

님께서 말한 철부지 같은 상상, 저도 많이 해 봤어요. 어떤 중요한 시험이 몇 달 앞으로 다가오고 머리만 복잡하고 마음처럼 공부가 되지 않을 때 '죽었다가 그 시험이 끝난 후에 깨어났으면... 그러면 어떻게든 되어 있겠지...' 이렇게 황당한 상상도 많이 했어요. 그런데 님, 놀라운 사실은요, 우연한 기회에 전교 1, 2등을 다투던 친구와 이야기할 기회가 있었는데 공부가 취미인 것 같던 그 친구도 그런 상상을 한다는 거예요.

'아! 나만 그런 게 아니구나... 다른 사람들도 다들 비슷하구나...' 그러면서 무척 안도와 함께 위안이 되더라고요. ^^

그랬던 저도 지금은 괜찮고 잘 살고 있어요.

새벽별님,

혹시, 고3이 되면서 공부에 몰두하느라 체력의 안배를 고려하지 않은 것은 아닌지 한번 점검해 보는 것도 좋을 것 같아요.

자신에게 너무 엄격한 패턴이었다면 많이 지쳐서 페이스를 잃어 마음도 약해질 수 있으니까요. 적당히 긴장도 풀어 가면서, 시험이 끝난 후 나에게 줄 선물도 상상하면서 다시 힘을 내시길 응원할게요.

전 여행을 무척 좋아하는데, 어려운 일 하나 끝내면 짧게라도 제게 포상휴가(?)를 준답니다. 그런데 여행계획을 세우고 이것저것 자료조사를 하고 필요한 경비를 마련하고 여행가방을 챙기고 필요한 물품을 준비하는 과정이 은근히 힘들고 번거롭고 귀찮게 느껴질 때도 있어요.

그렇지만 여행이 끝난 뒤 집으로 돌아와 생각하면 여행계획을 짜고 준비를 하고 여행가방 챙길 때가 가장 짜릿한 설렘을 주는 시간이라는 생각이 들더라고요. 그래서 어렵고 힘든 일을 앞두고 지칠 때 생각해요. 나는 지금 여행 가방을 챙기고 있다... ^^

새벽별님,

지금도 충분히 잘하고 있고 앞으로도 다 괜찮을 거예요. 올해 초 공부에 집중해서 새처럼 자유로운 경험을 했을 정도의 집중력을 발휘하는 저력이 있잖아요.

다시 힘내셔서 새벽별처럼 반짝반짝 빛날 것을 믿어요.

화이팅!!

"휴학할까요?"

 ID 깜깜이

안녕하세요?

고등학교에 와서, 처음 시험을 쳤어요. 중학교 때처럼 시험공부를 했어요. 그래도 중학교 때는 공부를 좀 하는 편이었거든요. 그래서 별로 걱정을 많이 하지는 않았어요. 그런데 답지를 받아 보니, 정말 말도 안 되는 점수였어요. 저는 중학교 성적이 괜찮았으니 적어도 평균 이상은 될 거라고 생각했거든요. 그런데 정말 자신 있던 과목도 평균 이하인 거예요 (수학, 영어, 과학이 전부 다).

아... 정말 그 충격이란... 자신 없는 과목은 오죽할까요

특히 암기 과목이 약한데 그중에 사회는 점수가 37점이 나왔어요. 지금 이 글을 적으니 또 마음이 좀 그렇네요. 진짜 어이가 없었어요. 이 점수로는 8~9등급이 나올 것 같다는 생각에 눈앞이 캄캄해졌어요. 저번 모의고사 때도 성적이 이렇게 나쁘지는 않았어요. 그때도 충격이기는 했지만, 모의고사라서 그럴 수도 있다고 생각했는데, 지금은 상황이 많이 다르네요.

너무 놀라서 부모님께 말씀도 못 드리고 있어요. ㅠㅠ

제 장래희망이 과학자거든요.

제가 중학교 때에는 과학을 좀 잘했어요. 그런데 지금 이 점수로는 꿈도 못 꾸잖아요. 그래서 지금 저는 휴학을 고민하고 있어요. 왜냐하면 어차피 망친 시험, 제가 1년 휴학하고 돌아오면 그때는 후배들과 같이 수업하는 건데 그때는 지금보다 입시가 쉬워진다는 말이 있어요.

난도도 낮아질 거고, 시험을 망쳤으니 차라리 1년 마음먹고 공부를 집중적으로 하고 복학을 하면 더 낫겠다는 판단을 내렸어요. 그런데 그게 진짜 나은 결정인지 잘 모르겠어요.

조언 좀 부탁드려요.

Re: ID 햇살 가득

 고등학교 첫 시험을 보고 나서 충격이 많이 컸던 것 같네요.

고등학교는 중학교와는 많이 다르지요?

학교 적응도 쉽지 않은데 시험 성적도 안 좋게 나와서 많이 놀라고 두려웠겠어요. 생각지도 못한 성적에 얼마나 당황했을까요?

저도 고등학교에 가서 첫 시험을 망친 기억이 나네요.

중학생 때처럼 공부하면 될 줄 알았는데, 결과가 전혀 아니었어요. 얼마나 놀랐던지... 지금도 그때를 기억하니 식은땀이 나네요. 부모님이나 친구들한테 창피해서 쥐구멍에라도 들어가고 싶었어요. 조용히 투명인간이 되어 사라지고 싶다는 생각까지 들더군요.

고등학교에 오면 많은 친구가 입시에 대해 걱정을 많이 하잖아요. 그러다 보니 누구나 열심히 공부를 하는 것 같고... 다른 친구들은 80㎞ 달리는데 나는 예전처럼 40㎞로 달리고 있으면 당연히 기록이 잘 안 나오겠죠?

제 경우에는 중학교 때 공부하던 양의 2배를 했을 때 겨우 중학교 때 성적이 나왔어요. 더 나은 성적을 올리기 위해서 정말 코피 터지게

공부를 해야 겨우 2~3등 정도 올라갔었죠. (제가 머리가 좀 안 좋은 편이기는 해요. ㅎㅎ)

대학생이 되어 친구들에게 물어보니, 친구들도 저와 비슷했다고 해요. 예전처럼 공부해서는 성적이 정말 안 나오더라고 하더군요. 아마도 코앞에 닥친 대학 입시를 위해 모두가 열심히 공부하기 때문인 것 같아요.

이번 시험 결과를 이성적으로 한번 분석해 보시길 권해요.

얼마나 많은 시간을 할애했는지, 공부 방법에 잘못된 부분은 없는지, 수업 예습, 복습은 얼마나 했는지, 수업 내용에 대해 이해는 얼마 정도 하고 있는지, 혼자서 공부하기에 힘든 것은 아닌지(학원이나 과외 수업으로 도움을 받을 수도 있으니까요), 문제집은 본인의 수준에 알맞은 것인지, 건강은 어떤지, 수면 시간은 적당한지 등등.

자기 자신의 공부 상태에 대한 분석이 먼저라고 생각해요.

그래야 정확한 해결책을 찾을 수 있을 것 같아요.

앞으로 시험뿐만 아니라, 다른 일에서도 생각지 못한 안 좋은 결과가 나올 수도 있어요. 예를 들면, 성적이나 수능 점수가 좋아도 목표한 대학에 못 가는 수도 있어요. 그럴 때 현명한 사람은 자신의 실패 요인이 어디에 있는지를 분석해서 앞으로 나아갈 해결 방법을 찾는답니다.

이런 분석 없이 막연히 내년에는 상황이 좋을 것이라고 기대하고 휴학을 했다가 만일 성적이 더 좋아지지 않는다면, 그때에는 얼마나 좌절하겠어요? 그리고 복학해서 한 살 어린 1학년 동생들과 같이 학교를 다니는 것이 그리 쉬운 일이 아닐 수도 있어요.

이제 첫 시험을 치렀잖아요?

자신에게 맞는 공부 방법을 찾는다면, 나머지 시험에서 더 좋은 결과가 나올 수 있을 것 같아요. 3년을 열심히 노력해 보고, 그래도 안 되면 재수를 할 수도 있지 않을까요? 제 생각에는 첫 시험의 결과에 너무 겁먹지 말고, 자신의 공부 방법에 대한 분석을 철저히 해 보는 것을 권하고 싶어요. 휴학은 지금 당장이 아니더라도 언제라도 할 수 있잖아요.

님이 휴학을 할지 안 할지를 고민하는 것은 그래도 여기서 공부하고 싶다는 마음이 절반은 있기 때문일 거예요. 휴학을 고민하는 대신, 자신에게 맞는 공부 방법이 무엇인지를 고민하면 좋겠어요. 고민하다가 머리가 아프면, 언제라도 다시 글 남겨 주세요.

님의 밝은 미래를 위해 같이 고민 나눠요.

희망찬 앞날을 기원합니다.

아자! 아자!

"자꾸 어떤 학생과 저를 비교하게 돼요."

 ID 풍차

안녕하세요. 고등학교를 다니고 있는 남학생인데요. 이번에 다른 영어 학원을 다니게 됐는데 저랑 비슷한 시기에 다니기 시작한 학생이 한 명 있어요. 그런데 그 학생이랑 저랑 학원에 처음 왔을 때 영어 성적이 비슷하더라고요. 그래서 그런지 신경을 쓰지 않으려고 해도 학원에서 쪽지시험을 보거나 모의고사 같은 걸 보고 나면 자꾸 그 학생 성적이랑 비교하게 돼요. 그런데 그 학생이 요새 쪽지시험을 잘 봐서 선생님들이 그 학생에게 칭찬을 자주 해 주시더라고요.

분명 저랑 비슷하게 학원에 들어와서 영어 공부를 시작했는데... 저보다 성적이 더 잘 나와서 그런가... 비교하지 않으려고 해도 자꾸 비교하게 되고... 제 마음대로 되지 않고... 그래서 그 학생을 볼 때마다 신경 쓰이고 괜히 짜증 나고 불안하고 답답합니다. 으아~~ 그 학생과 비교하게 될 때마다 열심히 공부해야겠다는 마음도 사라지고 포기하고 싶어지고 그러는데... 어떻게 하면 좋을까요? ㅠㅠ

Re: ID 풀잎

안녕하세요, 풍차님.

풍차님의 글을 보니 풍차님의 답답함이 저에게까지 전해지네요. 영어학원에 처음 갔을 때 풍차님과 비슷한 시기에 들어와서 비슷한 성적의 학생이었는데 날이 갈수록 풍차님보다 성적이 더 높게 나오고, 그러니 비교 안 하려고 해도 자꾸 비교가 되고 그만큼 신경이 쓰이고, 그러다 보니 많이 불안하고 답답했겠어요. 저 같아도 그랬을 것 같아요. 그리고 자신도 모르게 계속 비교하게 될 때마다 자신이 그 학생보다 더 낮아 보이고 그러다 보니 더욱더 공부하기 싫어지면서 포기하고 싶어졌을 것 같아요. 그래도 다른 학생의 성적과 자신의 성적을 비교하게 되면서 불안하고 답답함을 느낀 풍차님을 보니 성적을 잘 받기 위해 풍차님 나름대로 영어 성적에 신경을 쓰기도 하고 공부하려고 노력했나 봐요~

그런 풍차님의 모습을 격려해 주고 싶습니다.

비록 다른 학생의 성적을 자신의 성적과 비교하게 되면서 뭔가 불안해지고 답답하고 그랬겠지만, 그만큼 풍차님이 성적을 잘 받고 싶어 하는 마음에서 그런 거라고 생각해요. 그러니 그 친구의 성적보다는 열심히 공부해야겠다고 마음먹었던 풍차님의 모습을 생각하면서 풍차님 나름의 생각대로 다시 마음 잡고 그만큼 노력하여 좋은 성적을 얻길 바랄게요. 그런데 풍차님이 열심히 하여 다른 학생보다 성적이 잘 나왔는데 또 다른 날은 잘 안 나오고 그럴지도 몰라요. 그러다 보면 자신도 모르게 비교하게 되고 지금처럼 또 불안하고 답답하게 될 수도 있어요. 그럴 때마다 다른 사람과 비교하여 힘들어하기보다는 더 발전하려는 풍차님을 위해 이전의 풍차님보다 오늘의 풍차님을 떠올려 보는 건 어떨까요? 쉽진 않겠지만 좋은 성적에 대해 신경을 쓰는 풍차님의 모습을 보니 이전보다 발전된 풍차님이 되기 위해 충분히 노력할 수 있을 거라 생각해요!

앞으로 더욱더 발전할 날이 많을 풍차님을 응원합니다!

"미래가 너무 암울해요."

 ID 좌절

안녕하세요, 대학교 졸업을 반년 앞두고 있는 학생입니다.

제 미래가 너무 답답해서 조금이나마 조언을 받을 수 있을까 해서 이렇게 글을 올리게 되었어요.

제 고민을 읽어 주시고 도움 되는 이야기를 해 주시거나 혼을 내서도 좋으니까 ㅠㅠ 답글 달아 주셨으면 좋겠어요...

휴학하고 군대를 다녀오고 그래서 나이는 벌써 26살이고, 대학교는 별로 좋은 학교는 못 왔어요... 제가 학교 다닐 때 공부를 열심히 안 해서 그렇긴 한데, 막상 이렇게 좀 안 좋은 학교에 다니다 보니까 아무래도 좋은 학교 간 친구들 얘길 들어 보면 비교되기도 하고 그렇더라고요.

교수님들도 그렇고 학교 분위기나 학교 시설 같은 게 확실히 좋은 학교들은 우리 학교보다 훨씬 좋은 것 같고... 아, 난 왜 공부 열심히 안 했나 싶고 학교 이름 말하기 창피하기도 하고 그렇더라고요... 학생들도 물론 열심히 하려는 애들도 있긴 하지만 대부분이 그냥 막 놀러 다니는 애들이 많은 것 같고... 나름 그 안에서 잘해 보겠다고 애쓰고 있긴 한데 그래도 좀 분위기 자체가 안 잡히다 보니까 여기서 뭘 할 수 있을까 싶기도 하고요.

 그리고 전 중학교 때부터 광고 제작자가 되고 싶다는 꿈을 가지고 있었어요. 처음에는 드라마를 보고 멋있다고 생각해서 시작된 꿈인데... 그래도 진지하게 미래에 내가 멋진 광고를 만드는 모습을 늘 그리고 있었고 제가 그 일을 할 거라는 걸 믿어 의심치 않았어요. 그래서 대학도 좋은 곳은 아니지만 그 전공을 할 수 있어서 여기로 오게 된 거였는데, 막상 와서 공부해 보니 점점 제가 꿈꿔 오고 생각했던 모습이랑 너무 다른 부분이 많더라고요. ㅠㅠ

 게다가 요즘 신입도 잘 안 뽑아서 취직하기도 어렵다고 하고, 어떻게 취직한다고 해도 박봉에, 정말 제작자가 되기까지 바닥에서 굴러야 하는 시간도 길고, 그렇게 해도 사실 성공할 수 있을지도 모르는 거고요. ㅠㅠ 제가 그걸 할 수 있을지... 그래서 졸업을 앞둔 지금은 '아, 난 광고 일은 절대 못하겠다...' 하는 생각이 자꾸 들고 이건 내 길이 아니라는 마음만 듭니다. 매일 꿈꾸던 목표가 사라져 버리니 갑자기 뭘 해야 좋을지도 모르겠고, 내가 뭘 할 수 있을지 앞이 막막하기만 합니다... 남들은 꿈꾸는 일이 없더라도 적어도 좋아하는 거 하나라도 있던데... 전 늘 광고 제작자가 되겠다는 꿈만 가지고 살아와서 다른 일은 생각도 안 나고 좋아하는 게 뭔지도 사실 잘 모르겠어요.

 나이는 많이 먹은 것 같은데 졸업도 얼마 안 남고 얼른 사회생활도 시작해야 할 것 같은데 뭘 해야 할지 모르니까 불안하고 걱정되고 자꾸 쫓기는 느낌이 듭니다.

어른들은 지금이 제일 좋을 때라고 하시고, 네 나이에는 원하는 건 무엇이든 할 수 있지 않냐, 뭐가 그렇게 고민이냐, 배부른 소리 한다, 청춘이 최고다 하시는데 전 사실 지금이 뭐가 좋은지도 모르겠고... 아니, 좋은 게 아니라 너무 막막하고 괴로워요.

이미 자신의 직업을 가지고 사회생활을 하는 선배들이나 어른들이 정말 부러울 정도입니다. 꿈도 사라지고, 이제는 목표도 없고, 내가 좋아하는 게 뭔지도 모르겠고... 요즘 취업도 다들 어렵다고 하는데 나만 혼자 이렇게 좋아하는 거, 꿈 타령 하면서 놀고 있는 건 아닌지, 그냥 꿈이나 적성 이런 거 다 생각 안 하고 되는 대로 내가 할 수 있는 일 아무거나 해야 하는 건지... 다른 사람들은 스펙 쌓는다고 노력하는데 나만 아무 준비 없이 뭐하는 건가 싶기도 하고... 정말 너무 힘들고 답답합니다.

이미 사회생활 하고 계신 선배님들, 아니면 졸업 앞두고 있는 취준생들 모두 저에게 조언해 주시면 감사하겠습니다.

저는 지금 뭘 해야 하는 건지, 어떻게 목표를 다시 찾을 수 있을지, 이럴 땐 무엇을 준비하면 좋은 건지... 답글 부탁드립니다...

Re: ID 웃음의 여왕

 안녕하세요, 좌절님!

대학교 졸업을 앞두고 답답한 마음이 드는 좌절님의 마음이 글을 통해 전해져서 저도 '나는 20대 때 어땠나' 하고 다시 생각해 보게 되었어요. 물론, 좌절님이 쓴 말처럼 그 시기를 지내 온 분들은 "그때가 가장 좋을 때다."라고 하시며 이런 고민을 배부른 소리라 말할 수도 있겠지만, 세상에 쓸데없는 고민이 어디에 있고 배부른 소리가 어디 있을까요.

남들이 내 고민의, 내가 가지고 있는 짐의 무게를 어떻게 알고 함부로 말할 수 있을까요. 내가 그만큼 힘들고 혼란스럽고 복잡하다면 그것만으로도 충분히 생각해 보고 고민해 볼 일이라고 생각합니다.

내가 하고 싶고 꿈꾸던 일에 대한 현실을 알게 될수록, 내 생각과 많이 달라서 실망하게 되고, 그러면서 이건 내 길이 아니라는 생각도 충분히 하게 될 수 있을 것 같아요.

내가 경험해 보지 못한 일에 대해 나 혼자 상상 속에서 그려 보던 것과 현실은 차이가 나지 않기가 더 어려울 테니까요. 하지만 그 시간 또한 내가 원하는 일, 내가 원하는 삶, 그리고 나에게 맞는 직업을 찾아가는 과정일 수 있어요. 물론 어쩔 수 없이 '난 이제 무엇을 해야 하나' 싶은 막막함이 들 수밖에 없고 초초한 마음도 들겠지만, 그래도 그 힘든 마음들을 조금은 옆으로 미뤄 두고 내가 지금 당장 할 수 있는 일을 하나씩 해 나갔으면 좋겠어요. 그러다 보면 어느새 그 막막하고 초조하고 좌절했던 시간들이 지나가 있지 않을까요?

아마도 지금까지 학교에서 배운 것들은 실제 사회에 나가 일하는 것과도 또 차이가 있을 것입니다. 좌절님이 그것을 오랫동안 목표로 하고 있었고, 만족스럽진 않았지만 그 목표를 위해 대학에 진학했고 지금까지 시간과 노력을 들여 배워 왔다면, 사회에 나가 그 일을 실제로 경험해 보는 것도 하나의 방법이 되고 목표가 되지 않을까 생각해 봅니다. 실제로 그 일을 했을 때에는 학교에서 배우던 것과는 달리 생각보다 괜찮을 수도 있을 것이고, 이론적으로 배우고 옆에서 보고 듣고 하던 것과는 또 조금 다르게 느껴질 수도 있을 거예요. 만약 그때에도 정말 나와 맞지 않는 것 같다는 생각이 든다면 그때 또 새로운 고민을 해 보아도 괜찮지 않을까 생각합니다.

아무리 고민해 봐도 그 일은 아닌 것 같다는 생각이 든다면, 차라리 여러 가지 아르바이트를 경험하면서 간접적으로 직업 체험을 해 보는 것도 한 가지 방법이 아닐까 하는 생각이 듭니다.

아르바이트생으로 다양한 일을 조금씩 경험하다 보면 어떤 일이 가장 재미있고 어떤 일이 나에게 잘 맞는지 차차 알게 될 수 있지 않을까요? 어떻게 보면 그것은 시간낭비처럼 느껴질 수도 있으나, 나중에 어떤 일을 하게 되더라도 좌절님이 여러 방면에 걸쳐 다양한 경험을 가지고 있다는 것은 사회생활에서 큰 재산이 될 수 있을 것입니다.

그리고 관심 있는 외국어를 하나 정해서 그 언어를 한 번 열심히 공부해 보는 것도 방법이 되지 않을까 싶어요.

그게 어떤 외국어이든, 꼭 돈을 들여서 학원에서 배우거나 하는 것보다 좌절님 스스로 시간을 투자해서 책을 선택하고 단어를 찾아보고 하나하나 알아 가는 과정을 해 나간다면, 그것은 앞으로의 인생에서 큰 경험과 능력으로 남을 뿐 아니라 성취감도 가질 수 있는 일이 될 수 있을 거라고 생각합니다.

또 요즘에는 youtube[3]라든가 TED[4]같이 다양한 분야의 강의 영상들을 무료로 볼 수 있는 인터넷 사이트가 많이 있기 때문에, 정말 무엇을 해야 좋을지 아무것도 모르겠다는 생각이 들 때마다 그런 영상을 하나씩 찾아서 보고 듣고 하는 것들이 좌절님에게 생각의 전환을 가져다주는 하나의 길이 될 수도 있지 않을까요?

지금 학교에서의 교수님들의 강의가 부족한 듯이 느껴지고 좌절님의 마음에 차지 않았다면, 인터넷에서 접할 수 있는 다양한 강의를 통해 스스로 배울 기회를 가져보는 것도 좋을 것 같다는 생각이 듭니다.

저도 좌절님처럼 20대에는 정말 혼란스러움을 많이 겪었고, 내 인생이 어떻게 흘러가는지, 내 미래가 어디로 가고 있는지 불안하고 걱정되고 무서운 마음도 많이 들었던 것 같습니다.

친절하게 길을 알려 주고, 빠른 길도 검색해서 보여 주는 내비게이션이 내 인생에도 있었으면 좋겠다고 수도 없이 생각했어요. 그래도 그 시기를 그렇게 혼란스럽게 보내고 나니, 어느새 많은 경험도 갖게 되었고, 그 경험을 바탕으로 할 수 있는 일들도 많아져서 요즘은 20대 때보다는 좀 더 여유로운 30대를 보내고 있다는 생각이 들어요.

20대는 아직 더 많이 느끼고 경험하며 배워 나가는 시기라고 생각해요. 너무 조급한 마음은 조금 접어 두고, 지금 내가 당장 할 수 있는 것들에 집중했으면 좋겠어요. 1년이 채 남지 않은 학교생활, 아르바이트를 하고 있다면 그것이 그저 돈벌이 수단이 아니라 나에게 어떤 경험을 주는지 곰곰이 생각해 보기도 하면서 그렇게 지금 내가 하고 있는 일에 조금 더 힘을 싣는 것도 앞으로 좌절님의 인생을 위해 도움이 되는 시간이 되지 않을까 생각합니다.

좌절님은 좋아하는 것도 잘하는 것도 없다고 했지만, 어쩌면 그건 아직 찾지 못한 것일 수도 있어요. 내가 세상의 모든 일을 다 알고 있고 세상의 모든 경험을 다 해 본 것이 아니기 때문에 아직 내가 알지 못하는 것일 뿐, 나에게도 잘하고 좋아하는 일이 언젠가 나타날 수 있어요.

그 일을 찾아가는 과정이 정말 길어질 수도 있지만, 그 길을 너무 괴로워하고 고통스럽게만 보내지 말고 좀 더 즐겨 보아도 괜찮지 않을까 하는 생각이 듭니다.

지금 좌절님이 자신의 인생을 위해 진지하게 고민하는 이 시간들을 언젠가 다시 돌아보았을 때 참 가치 있고 필요한 시간들이었다는 생각으로 뿌듯해졌으면 좋겠습니다.

혼란스럽고 두려움도 많이 들겠지만, 20대의 시간들을 충분히 고민하고 충분히 즐기면서 나아갔으면 합니다.

화이팅!

"타지에 있는 학교에
혼자 가게 되었어요."

 ID 꿈나무

제가 이제 고등학생이 됩니다. 서울에서 살고 있지만 지방에 있는 고등학교에 입학하게 됐어요. 어렸을 때부터 전자기기를 좋아했고 전자기기에 관한 일을 하는 게 꿈이었어요. 관심도 많았고, 혼자서 전자기기에 대해 인터넷 검색도 하면서 관심이 많았거든요. 그런데 요즘 들어 전자기기에 관심도 없고 흥미가 점점 떨어지고 있어요. 제가 아빠를 많이 따라다니는데, 아빠 지인 분들과 친해지고 하면서 운동도 하고 밥 먹고 할 때가 제일 행복해요. 제가 다 포기하고 과연 가서 잘할 수 있을까 하는 생각도 들고 좀 많이 두려워요. 그런데 다들 절 많이 응원해 주세요. 가서 잘할 수 있을 거라고 하시고 하는데, 많은 힘이 되지만 자신이 없어요. 혼자 떨어진다는 것도 두렵고 타지에 가서 혼자 있을 때 힘들고 지칠 때 위로해 줄 사람이 없다는 게 외롭게 느껴지고요. 어떻게 해야 할까요?

ID 빛나는 별

 꿈나무님 글을 읽으면서 혼자서 얼마나 많이 고민했을까... 짐작이 됩니다. 나를 위해서, 미래를 위해서 어떤 선택을 해야 할지 많이 고민이 되었을 것 같아요.

전자기기에 관심이 많았고, 지방에 있는 학교에 가려고 구체적인 목표도 세워서 꿈을 향해 가려고 하는데, 아빠를 비롯한 편하고 좋은 가족들과 친구들과 떨어지는 게 많이 주저되고 두려울 것 같아요. 많은 분이 응원도 해 주지만, 여전히 고민도 많이 될 것 같고요.

타지에서 혼자 지내야 하니 힘들 때 위로해 줄 사람이 없다는 것이 가장 무섭게 느껴질 것 같아요. 혼자 결정해야 하고 위로받고 싶을 때도 있을 텐데, 혼자 남겨져 있다는 생각이 정말 힘들 것 같아요. 그로 인해 어떠한 선택을 해야 할지 고민이 되고, 막막하기도 하고, 어떻게 해야 할지 모를 것 같아요.

제가 꼭 해 주고 싶은 이야기는 정말 본인이 원하는 것을 선택하라는 거예요.

꼭 타지에 가지 않고도 원하는 공부를 할 방법이 있고, 편하고 좋은 가족들과 친구들과 떨어지지 않아도 된다면 가장 좋겠지만, 둘 중 하나를 선택해야 한다면 나는 어느 쪽을 더 원하는지 고민하고 나를 진심으로 응원해 주는 사람들과 마음을 나누어 보면 좋겠어요.

내 꿈을 위해 잠시 친한 사람들과 떨어져 있더라도 그들이 언제나 마음으로 응원하는 것을 믿고 두렵지만 한 발 내디뎌 보는 것도 좋고, 내가 진정 원하는 것이 관심 분야에 대한 공부이기보다는 소중한 사람들과 더 많은 시간을 보내는 것이라면 그것 또한 가치 있는 선택이라고 생각해요.

어떤 결정이든 자신의 행복을 위한 현명한 결정이 되길 진심으로 응원할게요!

"미래를 위해 뭘 해야 할까요?"

 ID 낭만고양이

저는 아침부터 밤 10시까지 학교라는 감옥에서 살고 있습니다.

교도소를 가 보진 않았지만 교도소가 이런 기분이겠구나 하고 느낄 정도로 갇혀 지내고 있어요.

솔직히 이런 공부가 미래에 도움이 될까요? 지금 공부하는 지식들이 다 한심하고 하루하루가 너무 아깝기만 합니다. 주변에서 공부를 하라고는 하는데... 저는 공부 말고 하고 싶은 게 너무 많습니다. 외국어 배워서 해외여행도 가고 싶고 다양한 악기도 배우고 싶습니다.

TV에 나오는 셰프처럼 요리도 해 보고 싶고 스포츠에도 관심이 있어요. 이렇게 하고 싶은 게 많은데 공부하는 게 너무 시간 아까워요.

대학은 또 왜 가야 하는 걸까요? 정말 고민입니다. ㅠㅠ

ID 책갈피

학교를 감옥으로 느낄 만큼의 답답함이 저에게도 느껴지는 것 같아요.

아침부터 밤까지 학교에서 정해 준 일과에 따라 움직여야 하는 현실이 얼마나 괴로운 일일지 저도 짐작이 됩니다.

저 역시 인문계 고등학교를 졸업했고, 누구보다 학교에서 벗어나고 싶어 했던 학생이었으니까요. 마치, 쳇바퀴를 도는 햄스터처럼 하루하루를 숨만 쉬면서 무미건조하게 흘려보내는 것 같았어요...

낭만고양이님도 학교에서 배우는 오직 시험만을 위한 공부가 흥미롭지도 않고, 한심하게도 느껴졌을 것 같아요. '내가 하고 싶은 것은 이런 것이 아닌데...' 하고 실망도 하고요.

TV나 잡지, 인터넷을 보면 정말 멋지게 살고 있는 사람도 참 많아요. 나도 이런 사람들처럼 하고 싶은 것을 하면서 지내고 싶은데... 현실은 그렇지 않고... 차라리 학교를 그만두거나 대학에 가지 않고 하고 싶은 것을 향해 뛰어드는 모습이 더 멋있고 가치 있게 느껴졌을 것 같아요.

저도 학창시절에 낭만고양이님과 같은 고민을 하면서 제가 하고 싶은 경험을 하기 위해 학업을 소홀히 한 적이 있습니다.

처음엔 즐겁고 행복했습니다.

학교에 다니면서 살고 있는 친구들을 바보 같다고 생각할 때도 있었어요. 그런데 얼마 지나지 않아 지금껏 제가 해 온 것이 겨우 취미 놀이였다는 것을 알게 되었어요. 세상은 현실이었어요.

제대로 된 학력도 없고, 성적도 좋지 못한 저는 제대로 된 경험을 배울 수 있는 자리에 들어갈 수 없었어요.

제가 할 수 있는 것은 재미도 없고 힘들기만 한 잡일뿐이었죠. 언제까지 부모님께 손을 벌릴 수는 없었지만, 그렇다고 하고 싶은 일을 할 수 있을 만큼 금전적으로 여유롭지도 못했어요. 저는 계속 부모님께 죄송한 아들이 되었고, 하고 싶었던 것들이 정말 하고 싶었던 것인지에도 의문이 생기기 시작했어요.

어느 날 생각해 보니, 제가 하고 싶었던 것들은 전부 그럴듯하고, 있어 보이고, 재미있어 보이는 '취미'일 뿐이더군요.

전 낭만고양이님이 저와 같은 실수를 겪지 않았으면 합니다.

여행, 악기, 요리, 스포츠... 모두 낭만고양이님의 진로가 될 수 있지만, 아직은 어떤 것도 낭만고양이님의 진로가 될 수 없습니다. 사실, 진로는 여유롭게 좀 더 천천히 결정해도 돼요. 하지만... 미래에 도움되지 않을 것 같은 학교 공부와 대학은... 낭만고양이님이 하고 싶은 것을 할 수 있게 해 주는 최소한의 조건이에요.

나중에 정말 낭만고양이님이 하고 싶은 것이 생겼는데 학력이나 성적이 되지 않아 못 하게 된다면 얼마나 서러울까요... TV나 인터넷에서는 성공한 멋진 사람들의 모습만을 보여 줄 뿐, 그들이 얼마만큼 노력해서 힘들게 그 자리에 섰는지는 잘 보여 주지 않더군요.

예전에 이런 이야기를 들은 기억이 있어요.

길에서 그림을 그려 주던 화가가 한 아이에게 즉석으로 초상화를 그려 줬어요. 아이는 멋진 그림이 이렇게 빨리 완성되는 것이 신기해서 그림 그리는 데 얼마나 걸린 것인지 물어보았죠. 그러자 화가는 아이에게 30년이 걸렸다고 대답했다고 합니다. 어쩌면 제 답변에서 마주한 현실이 너무 냉혹하다고 느껴질지도 모르겠어요. 하지만 비슷한 고민을 가지고 비슷한 갈림길에 서서 먼저 걸어가 본 입장에서 쓴 제 답변이 낭만고양이님에게 조금이나마 도움이 되었으면 합니다.

우리 인생이 100세까지라면 아직 1/5도 지나지 않았어요.

수많은 가능성을 품고 있는 낭만고양이님을 응원합니다.

"학교에 있는 시간이 아까워요."

 ID 바다

안녕하세요, 저는 고등학교 2학년에 올라가는 남자입니다.

어릴 때부터 저는 비행기랑 배, 기차 같은 큰 교통수단을 좋아했고, 그래서 초등학교 고학년 때부터 항해사가 되는 것이 꿈이었어요. 항해사가 되어서 나중에는 선장, 도선사가 되는 것이 저의 최종 목표입니다. 그래서 학교도 한국 해양대학교를 생각하고 있는데, 공부도 중요하지만 이 학교는 봉사활동이나 여러 경험도 중요하게 생각하는 것 같아서, 지금 이렇게 고등학교에 다니는 시간들이 아깝다는 생각만 듭니다.

고등학생이 되고 나서 학교에서는 늘 공부만 중요하게 생각하고, 그러다 보니 매일 보충 수업에, 학원에... 다른 것을 할 시간이 없더라고요. 그래서 이렇게 공부만 하고 있어도 괜찮은지, 그냥 공부만 잘하면 항해사가 될 수 있는지 고민이 들고, 공부도 제가 못하는 편이 아니어서 검정고시를 보면 시간을 훨씬 아낄 수 있지 않을까 하는 생각이 들었습니다. 친구들한테 이런 고민을 이야기해 봐도 다들 뭘 그렇게 복잡하게 생각하냐고, 그냥 공부나 하라며 심각하게 생각하지 않아서 친구들 사이에서도 저 혼자 소외감을 느끼고 있는 상태입니다.

부모님과는 평소 사이도 좋은 편이고 제가 이런 꿈을 가지고 있다는 것도 부모님이 너무 잘 아시기 때문에 자퇴하고 검정고시를 보고 더 다양한 경험을 쌓고 싶다고 말씀드리면 당연히 이해해 주실 거라고 생각했습니다. 근데 제가 그 말씀을 드리니 부모님이 너무 심하게 반대를 하셔서, 그 모습에 놀라기도 하고 화가 나기도 해서 한동안 말도 안 할 정도였습니다. 그래도 제가 계속 학교 다니는 것을 괴로워하고 자퇴 후의 계획도 분명히 말씀드리니, 부모님께서는 고등학교를 안 다니는 것은 안 되고, 정 그렇다면 대안학교에 다니라고 하셨습니다.

그래서 어쩔 수 없이 집에서 한 시간 정도 떨어진 대안학교에 전학을 가기로 결정하였는데, 막상 가려고 보니 그곳에서도 전혀 제가 원하는 경험들을 하지 못할 것이라는 생각이 들고, '이게 의미가 있을까?'라는 생각이 듭니다. 심지어 집에서 멀어서 기숙사 생활을 해야 하고, 등록금도 천만 원이 넘는 데다가, 비인가 대안학교라서 어차피 이 학교를 졸업하더라도 검정고시를 봐야 하더라고요. 돈도 아깝고, 이럴 바엔 그냥 자퇴가 낫지 않을까 싶어서 그 학교에는 안 가겠다고 말씀드렸더니 부모님께서는 그럼 계속 지금 고등학교를 다니라고 하십니다. 자퇴는 절대 안 된다고...

저는 자퇴하고 검정고시에 빨리 합격한 후 대학 입시 전에 국내와 해외 봉사활동도 많이 다녀 보고, 단기 어학연수도 가서 언어도 배워 오고 다른 나라도 경험해 보고 하는 등 여러 가지 계획을 가지고 있습니다. 그런 경험들이 제가 원하는 대학교 입시에도 많은 도움이 될 거라고 생각합니다. 사실, 그냥 고등학교를 다니면서는 할 수 없는 경험들이니까요. 그래서 계속 고민이 됩니다. 이렇게 부모님 뜻에 따라 조용히 공부만 하며 고등학교를 졸업해야 하는 건지, 아니면 조금 더 제 생각을 분명히 하고 부모님을 다시 한 번 설득하려고 노력해 봐야 하는지...

제가 지금 잘못 생각하고 있는 부분이 있는지, 그래도 고등학교는 졸업하는 것이 좋은 건지 저도 혼란스러워서, 다른 사람들의 생각도 알고 싶어서 이렇게 글을 남기게 되었습니다. 조언 부탁드립니다. 감사합니다.

Re: ID 웃음의 여왕

안녕하세요!

자신이 좋아하는 일을 정확히 알고 있고, 꿈을 분명하게 가지고 앞날을 계획하는 바다님의 글을 읽으면서 정말 대견하고 대단하다는 생각이 들었어요. 아직 고등학생인 나이에 본인의 목표를 정하고 나아가는 것이 사실 쉽지만은 않은 일인데, 자신의 꿈에 대해 진지하게 고민하고 생각해 보는 모습이 보여서 얼마나 그 목표가 바다님께 간절한 일인지도 느껴졌어요.

고등학교는... 그렇죠...^_^ 아무래도 다양한 꿈을 가진 학생들이 모여 있고 일반적인 교육을 해야 하는 곳이기 때문에 대부분이 대입을 목표로 두고 모든 수업이 진행될 것이고, 아마도 선생님들께서도 지금 이 시기에는 다른 무엇보다 대입을 중요하게 생각하고 공부만을 강조하며 가르치시지 않을까 생각해요. 그런 환경이 잘 맞는 학생들도 있을 테고 잘 맞지 않는 학생들도 있을 텐데 모두가 대입이라는 한 목표를 가지고 학교에서 제시해 주는 한 가지 방법만으로 가야 한다는 것이, 이미 꿈을 명확하게 가지고 있는 바다님에게는 조금 답답하고 시간낭비라는 생각이 들 수도 있을 것 같아요.

물론 바다님이 원하는 대학교의 특성상, 다른 전공들과는 다르게 학교생활 이외의 것들을 더 중요하게 입시에 반영할 수도 있겠죠. 하지만 그냥 제 생각을 조금 이야기하자면... 배를 타는 일은 보람 있고 훌륭한 직업이지만 한편으로는 굉장히 고되고 힘든 일이지 않을까 싶어요. 배를 타고 나가서 배 안에서 생활하는 기간도 결코 짧지 않을 테고, 한 번 나가면 육지에 언제 다시 발을 디딜 수 있을지 모르는 시간들이 있을 수도 있을 거라 생각해요. 그리고 어쩌면 항해사로서의 능력도 중요하지만, 그 배 안에서 사람들과 어울리는 일, 엄격한 배 안에서의 서열 관계에 익숙해지는 일도 본인이 가진 업무적인 능력 이상으로 중요할 것 같아요. 자칫 잘못하면 큰 사고로 이어질 수도 있는 것이 비행기와 배, 기차와 같은 교통수단이니, 그만큼 그 안에서의 인간관계나 서열관계가 엄격하고 중요하게 여겨지지 않을까 생각합니다.

공부를 가장 중요하게 여기고 강조하는 고등학교지만, 학교에서 이루어지는 교육은 비단 시험을 위한 공부만은 아니라고 생각해요. 선생님들과의 관계, 친구들과의 관계, 내가 하기 싫어도 해야만 하는 것들을 버텨 내는 방법, 그 안에서 시간을 효율적으로 쓰는 방법 등을 배울 수 있는 곳 또한 학교이지 않을까 싶어요. 그리고 그 모든 것이, 나중에 바다 한가운데 떠 있는 배 안에서 다른 여러 사람과 함께 오랜 시간을 보내야 할 바다님에게는 하나하나 다 의미 있는 작용을 하지 않을까요?

바다님이 학교를 그만둔 후에 그 시간을 어떻게 활용하고 싶은지, 어떤 경험을 위해 그 시간이 꼭 필요한 건지 다시 한 번 곰곰이 생각해 보았으면 좋겠어요. 다양한 해외 경험이나 봉사활동은, 아직 바다님이 고등학교 2학년을 앞두고 있는 학생이니 앞으로의 방학 동안 해 보는 건 어떨까 하는 생각도 들어요. 그리고 꼭 해외에 직접 나가지 않더라도 자율학습 시간들을 이용해서 틈틈이 외국어 한 가지를 꾸준히 공부하는 것도 좋은 방법이지 않을까 싶어요. 이미 공부를 못하는 편이 아니라고 했으니, 학교에 다니면서도 바다님은 스스로 충분히 해 나갈 수 있을 것 같다는 생각이 들었어요. 지금 학교에서 쓸데없는 일로 시간을 낭비하는 것만 같고, 공부만 해서 과연 내 꿈을 이룰 수 있을까 하는 생각이 들 수도 있지만, 내가 하기 싫고 내가 버티기 어려운 일을 열심히 버텨 내는 것도 인생에서 큰 수확이라고 생각해요.

부모님께서 자퇴를 반대하시는 이유에 대해서도 다시 한 번 확인해 보고, 바다님이 왜 대안학교에 가는 것을 포기하였는지, 왜 자퇴가 지금 바다님에게 꼭 필요하고 중요한 것인지에 대해서도 한 번 더 이야기를 나누고 그 후에 결정을 하는 것도 늦지 않을 것 같아요. 바다님도 본인의 미래에 대해 진지하게 여러 가지 고민을 하겠지만, 부모님 또한 바다님을 위해 걱정하시고 고민하시는 부분들이 있을 테니, 그리고 부모님과 사이도 좋은 편이라 하였으니 한 번 더 이야기를 나누어 보는 것이 좋을 것 같다는 생각이 들어요.

자신의 생각만을 주장하고 자신의 의견만을 우기며 다른 사람의 말에 귀 기울이지 않는 것이 아닌, 부모님의 의견도 들으려고 노력하고 이렇게 글도 올려서 다른 사람들의 객관적인 조언도 들으려고 노력하는 바다님의 태도가 정말 어른스럽고 성숙한 것 같아요. 이미 꿈을 분명하게 가지고 있고, 그 꿈을 향해 나아가려는 진지한 고민을 하고 있는 것만으로도 바다님은 충분히 다른 사람보다 한발 먼저 걸어가고 있는 것이 아닐까 하는 생각을 합니다. 그 목표를 소중하게 가지고 차근차근 이루어 간다면, 언젠가 머지않은 날에 바다님이 원하는 꿈에 닿아 있을 거예요. 꼭 멋진 항해사가 되기를 바랍니다. 바다님의 멋진 미래를 저도 함께 기대하고 응원하겠습니다!

"이번 생은 그냥 망한 것 같아요."

 ID 고삼

세상에 저 혼자 남겨진 기분이에요. 학교에서도 혼자고 집에서도 혼자... 저한테 관심 가져 주는 사람도 없고 위로나 칭찬은커녕 말을 거는 사람도 없고, 사라져도 아무도 모를 것 같아요. 아무리 도와달라고 해도 다들 자기 신경 쓰기 바쁜 것 같아요.

고3이라 학과 선택을 해야 하는데 하고 싶은 것도 없고 뭘 해야 할지 몰라 부모님께 물어보니 그냥 저 알아서 하래요.

친구들은 자기 꿈이나 가고 싶은 학과를 정해서 수시, 자기소개서들을 막 준비하는데 물어봐도 제대로 알려주지 않고... 친구들은 되게 열심히 하는데, 저는 그동안 뭘 했나 싶어요.

기말고사가 코앞인데 이런저런 생각이 뒤엉켜서 공부고 뭐고 때려 치우고 싶어요. 야자하면서 나름 열심히 기말고사 준비를 해 왔다고 생각했는데, 막상 시험이 일주일 후로 다가오니 해야 할 게 아직도 너무 많고. 뭐부터 어떻게 해야 할지 막막해지면서 숨이 턱 막혀서 울고...

이런 제가 한심하고 답답해요. 그냥 조용히 사라지고 싶어요.

뭘 하면 좋을까요.

Re: ID 구름

안녕하세요, 이렇게 이야기하게 되어 반가워요.

진로 문제, 시험, 주변 사람들에 대한 고삼님의 글을 읽으며 참 많이 외로웠겠다는 생각이 들었어요... 친구들이나 부모님이 제대로 들어 주지도 않고, 알아서 하라고 했을 때는 얼마나 서운했을까요... 저 같아도 참 서글펐을 것 같아요. 스트레스가 많은데 고삼님의 이야기를 들어 주고 같이 고민해 주는 사람이 없으니 더 막막하죠.

그래도 그런 상황에서도 주변 사람들에게 적극적으로 물어보고 도움을 청한 고삼님에게서 앞으로 나아가고 싶어 하는 의지가 느껴졌어요. 나에게 맞는 학과를 찾고 싶고, 열심히 하는 친구들만큼이나 노력해서 좋은 결과를 얻고 싶은 마음이요!

친구들도 공부든 진로든 어떻게 해야 하는지 물어봤을 때 너무 광범위해서 대답해 주기가 막연했을지도 몰라요. 다른 사람에게 물어보기 전에 먼저 도서관이나 서점에서 효과적인 공부법이나 진로에 관한 책을 읽어 보거나, 관련 인터넷 카페에서 다른 사람들의 조언을 찾아보는 건 어떨까요? 이미 성공했거나 그 분야의 전문가들이 쓴 글이 비슷한 처지에 놓인 친구들의 이야기보다 고삼님에게 더 큰 도움이 될 수 있을 것 같아요.

미래에 대한 여러 가지 고민을 한꺼번에 하는 건 마구 엉켜 버린 실뭉치를 푸는 것만큼이나 어렵죠. 그러니 우리 한꺼번에 답을 찾지 말고 당장 눈앞에 있는 것부터 하나씩 해 나가 보아요. 시험이 급하다면 일단 진로 고민은 시험이 끝나는 날부터 다시 시작하기로 잠시 보류해 두는 거죠.

이 시기를 이겨 냈을 때, 고삼님이 얼마나 더 단단해질지 기대가 돼요.

또 힘들고 어려우면 이 게시판에 언제든 글을 남겨 주세요.

고삼님의 어려움을 같이 고민하고 나누고 싶어요!

"이번 생은 그냥 망한 것 같아요."

 Re: ᴵᴰ 웃음의 여왕

살다 보면 세상에 나 혼자 남겨진 것 같고, 다들 저 멀리 앞서서 뛰어가고 있는데 나 혼자 여기 멍하게 서 있는 것만 같고, 여기서 그냥 끝나서 조용히 사라졌으면 좋겠다는 생각이 들 때가 종종 있는 것 같아요. 고삼님은 그런 마음 상태인데, 주변에서 관심 가져 주는 사람도 없고, 듣고 싶은 말은커녕 아예 말조차 걸어 주지 않는다는 이야기가 너무 마음이 아팠어요. 고삼님이 혼자 얼마나 외롭고 답답하고 쓸쓸하고 슬플까... 하면서요.

어쩌면 고등학교 3학년이라는 시기는 삶에서 중요한 선택을 해야 하는 가장 첫 번째 갈림길, 선택지인 것 같다는 생각을 해요. 그 시점에서 혼란스럽고, 무엇을 해야 좋을지도 잘 모르겠고, 나 자신이 한심하고 아무것도 한 게 없는 것 같고, 충분히 그런 생각이 들 수 있을 것 같아요. 앞이 캄캄하고 한발 내딛기도 두려울 수 있겠지만, 이럴 때일수록 고삼님 스스로 자기 자신을 다독여 주고 격려해 주면 좋을 것 같아요.

친구들도 어쩌면 고삼님과 비슷한 감정을 겪고 있을지도 몰라요… 고삼님이 도움을 요청하였지만, 친구들도 자신의 앞이 캄캄하게 느껴져서 옆에 있는 고삼님을 보지 못했을 수도 있어요. 다른 사람들의 도움이나 위로나 칭찬도 물론 중요하고 필요하지만, 그 무엇보다 고삼님 스스로 자신에게 하는 위로와 칭찬이 오히려 고삼님에게 더 힘을 줄 수 있지 않을까 하는 생각이 들어요.

저도 가끔 고삼님과 같은 기분이 들 때가 있어요. 고삼님이 제목으로 쓴 "이번 생은 그냥 망했다."라는 말은 제가 농담 반 진담 반으로 자주 쓰는 말이기도 하고요. ^-^ 그런데 저는 그럴 때마다 저 자신을 다독여 주고 칭찬해 줘요. 그냥 무작정 '잘했어' '잘 할거야' 라는 말보다는 오히려 '괜찮아' '이 정도도 충분해' '앞으로 점점 더 잘할 수 있을 거야' '앞으로는 점점 더 나아질 거야' 라는 말들로 저 자신을 다독여 주고 나면, 또 한발 나아갈 힘이 조금 생기는 것도 같고, 정말 괜찮은 것 같은 기분도 드는 것 같아요. 주변에서 아무도 해 주지 않는다면, 나 스스로 하는 것도 굉장한 힘이 될 수 있다고 생각해요. 그리고 그런 과정과 시간들을 통해 고삼님은 아마도 더욱더 단단해질 수 있을 거예요.

고등학교 3학년이 되어서 대학 입시를 코앞에 두고 있다 보니, 뭘 해야 할지도 모르겠고 내가 하고 싶은 것이 무엇인지도 몰라서 더 답답한 건 어쩌면 당연한 과정이라고 생각해요. 하고 싶은 것을 빨리 찾아낸 친구도 있고, 빨리 찾아냈지만 중간에 바뀐 친구도 있을 테고, 아직 찾지 못한 친구도 분명 있을 거예요. 너무 조급해하지 말고, 학교에서 하는 공부들을 충실하게 하면서 시험 준비도 열심히 하고, 가끔 나 자신을 다독여 주면서 잘 지내다 보면 언젠가 문득 내가 정말 하고 싶은 것이 생길 수도 있지 않을까 싶어요. 요즘에는 자유 전공이 있는 대학교도 많이 있으니, 정말 전공을 정하기가 어렵다면 일단 지금은 열심히 공부해서 자유 전공으로 입학한 후에, 학교를 다니고 새로운 경험들을 해 가면서 전공을 정하는 것도 좋은 방법이 될 것 같아요.

　힘든 입시 생활을 하면서 막막하고 답답하고 외로울 고삼님의 마음에 제 답글이 조금은 도움이 되었으면 좋겠어요. 주변에서 아무도 칭찬이나 위로를 해 주지 않는다고 하였으니, 글로나마 제가 해 줄게요. ^-^ 고삼님, 지금 이대로도 충분해요. 그러니 괜찮아요. 나 혼자 여기 머물러 있는 것 같지만, 사실은 다른 친구들도 모두 그런 불안을 가지고 있을 수 있어요. 옆에 있다면 손이라도 잡아 주면 좋겠지만, 그렇지 못하니 고삼님 스스로를 믿고 조금씩이라도 한 발 한 발 내디뎌 보세요. 또 혼자인 것 같고 주저앉고 싶을 때마다 괜찮다고 다독여 주면서요! 지금의 이 어두운 터널을 고삼님이 잘 지나갔으면 하는 마음으로 멀리서나마 응원하겠습니다. 힘내세요. ^-^

"장래희망에 뭐라고 적죠?"

 ID 밍구

 고등학교에 올라온 남자입니다.

학교에서 장래희망을 적어서 내라고 하는데 그냥 머릿속이 하얘지네요.

공부를 아주 뛰어나게 잘하는 것도 아니고... 다른 애들보다 미술이나 노래는 좀 한다고 생각하는데 '내가 아주 뛰어나게 잘하나' 라는 생각?

미술이든 음악이든 좀 잘한다고 그쪽으로 나가 보면 훨씬 잘하는 애들 깔렸잖아요. 아주 특출하게 잘하는 게 없으니 미래에 뭘해야 할지 모르겠어요. 자기 장래희망이 확실한 애들은 어떻게 그걸 정하는 걸까요?

막막하기만 하네요. 휴...

ID 구름

 안녕하세요, 밍구님!
내가 무언가를 아주 특별하게 잘하는 것 같지 않아 장래
희망을 결정하기가 많이 막막하고 고민이 되시겠어요...!!
　장래희망은 누가 결정해 주는 것도 아니고 스스로 찾아야 하는데, 찾
는 법을 알려 주는 사람도 없으니 참 답답하죠.

　나에게 맞는 직업은 어떤 특별한 계기를 통해 마음에 꽂히기도 해요.
　하지만 많은 사람은 오랜 시간 동안 여러 가지를 경험해 보고 자신
을 들여다보고 시행착오도 겪어 가며 자기에게 맞는 직업을 찾게 된답
니다. 그러니 너무 조급해하지 말고 더 탐색해 보고 경험하면서 여유를
갖고 찾아보면 좋을 것 같아요.

　내가 무엇을 잘하고 좋아하는지는 우선 진로적성검사를 받는 것이
큰 도움이 될 거예요.
　워크넷(www.work.go.kr)[5] 홈페이지에서 '직업심리검사'를 클릭하
면 무료로 진로적성검사를 할 수 있고, 밍구님의 흥미와 적성에 맞는
추천 직업도 볼 수 있어요.
　검사 결과를 보면 나에게 어떤 분야가 더 적합한지 큰 방향성은 잡

힐 것이고, 학과 선택의 범위도 좁힐 수 있을 거예요.

　진로를 찾는 과정에서 또 고민이 생긴다면 언제든지 이곳에 글을 올려 주세요. 같이 나누어 보아요~!

"부모님의 기대가 부담스러워요."

 ID 어른아이

저는 이제 중1인데, 부모님이 제게 거는 기대가 너무 부담스러워요.

아빠는 저만 보면 공부 잘하고 있냐고 대놓고 물어 보시고, 엄마는 간식을 챙겨 주시고 힘들지 않느냐고 고생한다고 격려해 주시는데 그게 오히려 부담으로 다가와요... 말로는 편하게 하라는데 말뿐인 것 같고... 그러면 저도 열심히 해 보려고 노력하는데 오래 못 가요. 누나가 고2인데 공부를 잘 못해서 부모님이 실망을 많이 했거든요.

그래서 저한테 더 기대하시는 것 같은데 저도 누나처럼 실망을 드리면 어떡하나... 기대에 못 미치면 어떡하나... 무섭고 자신감은 점점 떨어지고요.

어떻게 해야 할까요?

Re: ID 책갈피

어른아이님이 부모님의 기대로 느끼는 부담감이 저에게도 전해지네요.

누나에게 실망한 만큼 어른아이님에게 더 기대를 거시는 부모님의 마음이 이해는 가면서도 한편으로는 이제 겨우 중1인데 그 기대가 과한 것 같아 힘들고, 무서울 것 같아요.

부모님을 실망시켜 드리고 싶지 않아 열심히 공부해 보지만, 마음만큼 공부가 되지 않아 자신감은 점점 떨어지고 스스로에게 실망도 했을 것 같아요.

글을 읽고 있는 저도 답답한데 어른아이님은 얼마나 힘들지 짐작됩니다. 적절한 긴장감과 부담감은 목표를 향해 나아가는 데 원동력이 될 수 있지만, 지나친 부담감은 오히려 의욕을 떨어뜨리고 스스로의 발목을 잡는 족쇄가 되기도 해요.

다른 누구도 아닌 어른아이님을 위해서 부담감을 덜어 내고 마음이 가벼워졌으면 해요. 어려운 일이 될 수도 있지만... 부모님에게 어른아이님의 솔직한 생각과 기분을 말해 보는 것은 어떨까요?

"부모님이 얼마나 제게 기대를 하고 계신지 충분히 이해하고 있고, 저 역시 그 기대에 부응하기 위해 열심히 하고 있어요. 하지만 가끔 부모님이 거는 기대가 지나치게 부담으로 다가올 때가 있어요. 그래서 오히려 공부가 더 힘들고, 무섭게 느껴지기도 해요. 조금만 더 저를 믿고 기다려 주셨으면 좋겠어요."라고 말이죠.

물론, 부모님의 반응이 어른아이님이 기대했던 것과 다를 수도 있어요. 하지만 어른아이님이 자신의 솔직한 마음을 보여 드린다면 분명 부모님도 많은 생각을 하게 되지 않을까요?

부모님은 결국 어른아이님이 잘되기를 바라는 마음으로 기대를 하시는 거니까요. 부모님을 생각하는 사려 깊은 어른아이님을 저도 응원하겠습니다.

"취업하고 나서가 더 문제네요."

 ID 인간

대학교 4학년 학생입니다. 상담할 데가 없어서요. 저희 누나들은 전문대 나와서 바로 취업하고 회사에 다니는데, 회사 얘기를 들으면 참... 할 말도 없고 제 미래가 걱정되곤 합니다.

이제 곧 취업해서 회사 들어가면 막내... 신입으로 일을 해야 하고... 잡일도 해야 하고 윗사람들에게 잘 보여야 할 텐데, 저는 이십여 평생을 독고다이로 무뚝뚝한 성격으로 살아왔는데...

남을 먼저 챙겨 보거나 먼저 웃음을 짓거나 싹싹하고 밝게 굴어 본 적이 없습니다. 당연히 붙임성도 없고요... 회사 생활뿐만 아니라 학창시절에도 이런 제 성격 때문에 선배들한테 말 나온 적도 있고, 하... 참 어렵습니다.

그렇다고 평생 직업 없이 살 수도 없고. 그냥 제 할 일만 하면 안 되는 건지... 웃음 없는 사람인데... 회사생활 할 수 있을까요?

취업난에 취업이 문제가 아니라 사회생활을 못 할 것만 같네요...

ID 밀크티

 안녕하세요. 인간님~

고민글 잘 보았어요. 요즘 취업난인 데다 취업 후 상황도 걱정이 되니 참 많이 불안했을 것 같아요.

요즘 정말 많은 취업 준비생이 사회생활을 잘할 수 있을지 고민하는데, 인간님 경우엔 누나들의 회사생활 얘기를 들으면서 더욱 실감이 되었을 것 같아요.

어떤 얘기를 듣고서 싹싹하게 웃으며 윗사람들에게 잘 보여야 잘 지낼 수 있다는 생각을 하게 된 걸까 궁금해졌어요~!

글을 읽으면서 인간님이 참 불안하고 우울했을 수도 있겠다고 느꼈어요. 막막한 느낌이 들었어요... 도움이 되었으면 싶어 더 자세하게 알고 싶기도 했고요...

세상엔... 정말 다양한 사람이 살아가는 것 같아요. 성격도 한 사람 한 사람 정말 다 다르고요. 잘하는 점이 있으면 못하는 부분도 갖게 되는 것 같아요.

제 경우에는 왜 이렇게 살을 빼기가 어려운지 자꾸만 살이 찌고 옷은 작아지고, 고민이 많네요. 자꾸만 제 단점을 생각하게 되고 자신감이 떨어지는 점도 있는 것 같아요. 다른 장점들도 분명 많이 가지고 있는데 말이죠... ^^

인간님께서도 싹싹한 성격이 아니고, 그렇게 행동하는 것이 어렵고 힘들어 사회생활에 대해 자신감이 많이 떨어진 것은 아닐까... 생각됐어요.

인간님의 성격이 남들과 다르듯이, 저와도 다르듯이 회사에 가면 정말 다양한 사람이 있을 거예요. 인간님의 무뚝뚝하면서 할일을 열심히 하는 모습을 지켜보고 좋아할 분들도 분명 있을 거라고 생각해요. ^^ 글에는 나와 있지 않지만 분명히 갖고 있을 다른 장점들을 보아 줄 사람도 있을 거라고 생각돼요.

사회생활을 오랫동안 잘하려면 자신의 모습을 솔직하게 그대로 보이는 것이 모두에게 좋을 것 같다는 생각이 들어요! 하지만 직장에서 대처하는 방법을 배우는 것도 당연히 필요하겠지요? 처음부터 잘하기는 쉽지 않을 거예요. 힘들겠지만 어려운 상황에서는 질문하며 배워 나갈 수 있을 거라 생각해요.

인간님이 지금 하는 고민은 진로를 결정할 때 정말 중요하고 꼭 필요한 과정이에요. 인간님의 단점과 장점들을 확인해 보고 신경 쓰이는 단점을 어떻게 보완할지, 장점을 어떻게 부각할지 고민해 보고, 자신에게 맞는 스타일의 회사를 찾는 것도 좋은 방법이 될 수 있을 것 같아요.

인간님이 가장 중요하게 생각하는 우선순위들을 정리해 보면 복잡한 마음도 많이 정리가 되지 않을까 하고 생각해 봅니다. ^^ 단점만 고민하기보다는 잘할 수 있을 것 같은 분야들을 찾아보는 등의 활동도 도움이 될 거예요.

도움이 되었기를 바라며... 조언이 필요하면 또 글을 올려 주세요. 인간님을 응원합니다.

| 성격이 이상해요 |

"그만 외로웠으면 좋겠어요."

 ID 달빛 요정

중3 여학생인데요.

낯가리는 성격 때문에 고민이 많아요.

제가 남들이 봤을 때 호감형인 외모는 아닌데... 그래도 막 무섭게 생기거나 인상이 센 편은 아니거든요. ^^ 근데 반 친구들이 먼저 다가오지는 않는 것 같아요. 그래도 시간이 지나서 같이 지내다 보니 몇몇 친구들이 생겨 학교생활에는 만족하고 있는데요. 문제는 지금 다니고 있는 학원입니다. 제가 막 먼저 말을 건다거나 나대는 성격이 아니라서... 학원에서도 학교에서처럼 조용히 지냈거든요... 학원도 학교에서처럼 시간이 지나면 자연스럽게 몇몇 그룹 친구들이 생길 줄 알았는데, 학원은 학교보다 같이 보내는 시간이 적어서 그런지 이미 학원 다니기 전부터 알고 있는 친구들끼리만 다녀서 자연스럽게 소외되고 같이 얘기를 못 해요.

처음엔 괜히 자연스러운 척해 봤는데 시큰둥하게 쳐다보니 민망하더라고요... 쉬는 시간에 다 같이 얘기하는데 저만 자꾸 혼자 엎드려 있는 시간이 많아져요... 엄마한테 얘기했다가 친구랑 놀러 학원 가냐고 혼만 나고, 해결된 게 없어요. ㅠㅠ

언니나 동생도 없는 외동이라 학교에서는 몰라도 학원이랑 집

에서는 제 편이 전혀 없는 것 같아서 외로움을 너무 타고 있어
요... 곧 고등학교에도 올라가는데 그때도 반 친구들을 못 사귀고
학교에서마저 외로움을 느끼게 될 것 같고, 하루하루 고민이 계
속 커져요...

제 성격을 바꿔야 하는 건지 외로움 타지 않는 방법을 알아야
하는 건지 모르겠네요...

어떻게 해야 할까요?

"그만 외로웠으면 좋겠어요."

ID 토닥토닥

달빛 요정님, 반가워요.

달빛 요정님 글을 읽고 예전에 저도 고민했고 사실 지금도 고민하고 있는 문제여서 너무나 공감이 되어 글을 써 봅니다.

친한 친구 하나 없이 학원에 혼자 다니고 쉬는 시간에도 이야기 나눌 친구도 없다면 정말 힘들겠어요. '군중 속의 고독'은 더 외롭잖아요...

그럼에도 학원을 계속 다니고 있는 것을 보니 참을성도 있고 학업에 의지도 있는 것 같네요. 친한 학교 친구 한 명한테 학원에 같이 다니자고 말해 보는 것도 괜찮을 것 같아요. 그러면 외롭지 않아 편한 마음으로 더 공부에 집중할 수 있을 것 같은데요. 그럴 상황이 못 된다면 좀 덜 불편하고 외롭지 않게 다녀야 할 텐데요...

달빛 요정님도 저처럼 익숙한 환경에서는 덜한데 새로운 환경에서는 친해지기 어렵고 시간도 오래 걸리는 타입이 아닌가 생각되는데요.

긴장하니 경직되고, 그러니 표정이 부드럽지 못하고... 남들은 차갑고 새침데기같이 느껴 다가오지도 않고요. 중·고딩 때 친구들이 시간이 한참 지나 친해지고 나면 한결같이 하는 말이, 제 표정이 '난 너희와 달라.' '내게 다가오지 마.'하는 것처럼 솔직히 좀 밥맛 없었다고 하더라고요.

전 제가 항상 외로운 '은따'라고 생각했는데 그들은 제가 그들을 따시켰다고 생각했던 것 같아요. 달빛 요정님이 학원에서 자연스러운 척 행동했다는 것이 저는 참 용기 있게 느껴졌어요. 저는 그땐 그럴 용기가 없었거든요.

대학생이 되어서야 조금씩 깨닫고 행동했던 것 같아요. 달빛 요정님은 용기 내어 시작했으니 포기하지 말고 좀 더 계속해 보면 좋겠어요. 처음엔 어색해하던 그들도 한 번 두 번 반복되면 자연스럽게 받아들이지 않을까요?

앞으로 살아가면서 수많은 새로운 환경을 만나게 될 테고 계속 혼자 외톨이처럼 살아갈 순 없으니 적응하며 살아야지요.

저도 처음엔 '나를 푼수처럼 보면 어떡하지?' '안 받아주면 너무 뻘쭘할 텐데...' 그런 걱정 많이 했는데 그렇지 않더라고요.

세상은 약간의 푼수기를 사랑스러워하는 것 같아요. ^^

이렇게 말하는 저도 여전히 어려워요. 새로운 환경에 자연스럽게 적응하려고 지금도 노력 중이에요. 주위 사람들도 달빛 요정님이 더 자연스럽게 다가와 주길 기다리고 있을지도 모르니...

우리, 같이 용기 내어 봐요. ^^

"동성 친구가 자꾸 좋아져요."

 ID 바이올렛

여고 1학년인데요, 요즘 아무에게도 말 못 할 고민이 생겼어요.

같은 반 여자 친구가 자꾸만 좋아져요... 문제는 단순한 우정과는 좀 다른 감정이라는 거예요. 지방에 살다가 중3 때 서울로 이사를 와서 친한 친구가 별로 없었는데, 고등학교 입학 후 처음 교실에 들어와 같이 말할 사람도 없고 뻘쭘해서 어쩔 줄 모르던 저에게 이 친구가 웃으면서 먼저 말을 걸어 주더라고요. 너무 반갑고 고마웠어요.

전 부끄러움도 많고 낯을 가리는 편인데 이 친구는 웃는 인상인 데다 성격도 완전 시원시원하더라고요. 제가 학기 초 체육 시간에 운동화 끈이 풀어진 걸 모르고 피구를 하다가 걸려 넘어져서, 아픈 것보다 부끄럽고 민망해서 일어나지도 못하고 있었거든요. 다른 애들 다 쳐다보고만 있고... 이 친구가 성큼성큼 오더니 "괜찮아?" 하면서 운동화 끈을 매 주는데 가슴이 뛰었어요. 그때부터 좋아하게 된 것 같아요.

짝이 되었으면 했는데 그건 안 됐고요. 전 키가 작은 편이라 앞자리에 앉게 되었고 그 친구는 키가 커서 뒷자리에 앉는데 수업 시간에도 자꾸 고개 돌려 뒷자리를 바라보게 돼요. 눈이 마주치면 씩 웃어 주는데 그러면 저는 심쿵해서 어쩔 줄을 모르겠어요.

더 친하게 지내고 싶은데 제 마음을 들킬까 봐 겁도 나요. 그래서 더 가까이 못 다가가겠어요. 그 때문인지 친구도 요즘 좀 어색하게 대하는 것 같고요.

다른 친구들과 장난치고 웃거나 잘해 주는 걸 보면 막 질투도 나고 주말에 못 보면 보고 싶고요... 톡도 계속 하고 싶은데 귀찮아할까 봐 그냥 참아요.

그냥 확 사랑한다고 고백해 버릴까 생각 들 때도 있지만, 그 친구는 그냥 친구로서 대하는데 제가 이런 마음인 걸 안다면 실망하고 욕하고 기분 나빠 아예 친구도 안 하려고 하겠죠...

남자 친구를 사귀어 본 적은 없지만 혼자 좋아하던 선배 오빠는 있었어요. 여자 친구를 좋아해 본 건 처음이고요... 이런 감정이 생기니 저도 당황스러워요.

제가 왜 이러는 걸까요? 저는 이상한 취향을 가진 걸까요?

"동성 친구가 자꾸 좋아져요."

_Re:_ **ID 토닥토닥**

바이올렛님, 안녕하세요?
동성 친구에게 처음 느끼는 색다른 감정에 많이 당황스럽겠
어요. 고등학교라는 새로운 공간, 그것도 중학교 3학년 때 전
학을 와서 낯선 지역의, 아는 친구도 없는 학교에서 낯을 가리는 바이올렛
님에게 먼저 말 걸고 인사해 주고, 넘어져서 민망할 때 다가와서 운동화 끈
까지 매 주는 친구이니 얼마나 그 친구가 고맙고 다정하게 느껴졌겠어요.

우선 차분하게 그 친구에 대한 바이올렛님의 감정을 생각해 보면
좋겠어요. 사람은 자신이 갖지 못한 점을 가진 사람에게 본능적으로
끌리는 경우가 많다고 하잖아요. 아담하고 수줍은 스타일인 바이올
렛님과 다르게 친구는 키도 크고 성격도 시원시원하다고 했으니 든
든하게 느껴질 수도 있겠고요. 바이올렛님이 다니는 학교가 여고이
니 그 친구에게서 보이시한 매력을 느꼈을 수도 있을 것 같아요.

요즘은 남녀공학이 많아졌지만 제가 학교 다닐 땐 거의 나뉘어있었
어요. 저도 여중, 여고를 다녔는데 학교에 매력 있고 인기 있는 친구 한
명씩은 있었던 것 같아요. 꼭 이성 친구에 대한 감정처럼 좋아하고 설
레는 경험을 저도 해 본 적 있고 저뿐만 아니라 다른 애들도 그 친구를

좋아해서 편지도 쓰고 질투도 하고 서로 다투기도 했던 기억이 있어요.

여고 때 제가 좋아했던 친구랑은 둘 다 시집 가서 아기 낳고 육아정보도 교환하고 만나서 수다도 떠는 좋은 우정을 나누는 친구 사이로 요즘도 연락하고 지내는 절친이랍니다.

지금 생각하면 '내가 그때 진짜 그랬나? 왜 그랬지?' 하고 생각되는 아련한 추억이 되었지만요.

바이올렛님도 친구에게 그런 감정을 미리 말하는 것보다 바이올렛님의 감정에 대해 좀 더 차분히 생각해 본 다음에 말해도 늦지 않다고 생각해요. 바이올렛님 스스로도 아직 확실하지 않고 정리 안 된 감정을 전하는 것보다 아직은 그냥 친구로서 친하게 지내 보면 어떨지요.

'너에 대한 감정이 다르다. 좋아하는 게 아니라 사랑한다.'

그런 고백(?)을 하면 님의 말대로 친구가 당황하고 서로 어색해져서 정말 좋은 친구를 놓칠 수도 있으니까요.

친구의 관심과 배려를 고맙게 받아들이는 곱고 따뜻한 마음의 바이올렛님이라면 그 친구와 깊은 우정을 나누는 좋은 친구 관계가 될 수 있을 것 같아요. 그리고 조금 다른 감정이라고 해도 좋아하는 마음 자체는 이상한 게 아니라고 생각해요.

사랑도 우정도 다 소중한 감정이잖아요.

다만, 시기적으로, 상황적으로 그런 감정이 들 수도 있으니 이상한 취향이라는 생각은 하지 않았으면 좋겠어요.

힘내고, 더 이야기 나누고 싶으면 언제든 글을 남겨 주세요.

"사람들이 저를 싫어해요."

 ID 아일랜드

 안녕하세요, 23살 남자입니다.
어릴 때부터 눈치가 없다는 얘기를 지긋지긋하게 들어왔어요.

대학교 올라와서도 사람들한테 계속 똑같은 지적을 받으니 제가 진짜 바보같이 느껴집니다...

누군가와 친해지고 싶어도 어떻게 해야 할지도 모르겠고, 제가 있으면 사람들이 불편해하네요... 그래서 여러 사람이 모이는 모임 같은 데 들어가면 오래 못 가요.

얼마 전 스터디에서도 사람들이 저랑 같이 못 하겠다고, 그만 나가 달라고 하더군요. ㅠㅠ ... 너무 힘들어서 정신과도 가 봤는데, 뻔한 답만 듣고 별 도움은 안된 것 같아요,

저 정말 어떻게 할 방법이 없을까요?

ID 구름

안녕하세요, 아일랜드님!

어릴 때부터 들어 온 '눈치 없다'는 말이 얼마나 신물 날 정도로 지겹고 속상했을까요. 아일랜드님도 고쳐 보려고 많이 애썼을 텐데, 사람들이 나를 불편해한다는 걸 느낄 때마다 참 답답하고 외로웠겠다는 생각이 드네요. 정신과조차 아일랜드님에게는 시원한 해결책이 안 된 것 같고요.

새로운 사람들과 친해지고 적응하는 건 누구에게나 힘든 일이죠. 특히 아일랜드님에게는 더더욱 하루하루가 힘든 시간이었을 텐데, 스터디 같은 곳에서 중간에 거부를 당했다면 저라도 많이 억울했을 것 같아요. ㅜㅜ

눈치라는 건 상대방이 어떻게 생각하는지를 알아차리는 건데, 이건 타고나는 게 아니고 누구나 사람들과 어울리고 부딪히면서 배워야 하는 부분인 것 같아요.

어린 시절부터 사람들과 잘 어울리기가 어려웠다면, 이걸 배울 기회가 다른 사람보다 적어서 그런 것이니 너무 자책하지 않았으면 좋겠어요. 글을 읽으며 아일랜드님은 사람들이 지적하는 부분에 대해서 어떻게 생각하는지 궁금해졌어요. 또, 고쳐 보려고 어떤 것들을 시도해 보았는지도요……

그리고 기회가 된다면 심리상담센터에서 상담 전문가를 만나 보는 건 어떨까요? 이런 고민과 상처들을 나눌 수 있고, 내가 사람들과 좋은 관계를 맺는 방법을 하나씩 익히도록 지지해 주는 상담자를 만나면 아마 큰 힘이 될 거예요.

혹시 대학교 내 대학생활상담센터가 있다면 무료로 받을 수도 있구요!

또 너무 힘들어지면, 게시판에 글을 다시 올려 주세요. 같이 나누고 방법을 찾아봐요!

"분위기 메이커가 되는 방법을 알려 주세요."

 ID 평범이

제 고민은 성격인데요... 중3 여학생입니다.

전 제 성격이 내성적이고 소심해서 그런지 막 반에서 잘 웃고 재밌는 애들 있잖아요... 그런 애들이 너무 부러워요. 수업 시간에 크게 떠들고 그래서 선생님한테 혼나고 그러는데도... 막 반 애들이 걔네 주위로 몰려서 이야기 듣고 그런 거 보면 저도 그렇게 떠들고 싶어요. 걔들은 친구도 많고 인기도 많고 그러잖아요...

저는 쉬는 시간에 거의 책상에 엎드려 있거나 책 보거나 그러는데 쉬는 시간에 막 떠드는 애들 보면 부러워요. 수업 시간에는 걔들이 말하면 막 웃고 그래요... 당연히 시끄럽고 개그 치고 그러면 선생님도 싫어하시고 안 좋게 보고 쫌 그렇잖아요. 근데 저는 그게 너무 부럽고 반에서 분위기 메이커가 되고 싶어요.

또 한편으로는 선생님께 잘 보이고 싶은 마음도 있습니다. 혼나는 거 보면 무섭기도 하고... 선생님한테 눈치도 보입니다.

제가 반에서 친구들 앞에서 자연스럽게 떠들면서 분위기 메이커가 되는 방법은 없을까요?

"분위기 메이커가 되는 방법을 알려 주세요."

Re: **ID 스마일 :)**

평범이님의 글 잘 읽었습니다.
친구들을 웃겨 주고 인기가 많은 분위기 메이커가 되고
싶어 하는 예쁜 마음이 느껴졌습니다.

평범이님께서 생각하는 '떠드는 것'이 친구들에게 재미있는 이야기를 해 주고~ 분위기 메이커 역할을 하고~ 웃겨 주는 것이라면, 선생님께 혼날지도 모르는 수업 시간이 아니라 쉬는 시간에 하는 것도 좋은 방법이라고 생각합니다.

친구들이 선생님께 혼나는 이유는 분명 수업 시간에 떠들기 때문이겠지요. 수업 시간에는 수업에 집중하여 선생님께 칭찬받고, 쉬는 시간에는 친구들과 재미있는 이야기로 유쾌한 평범이님이 되어 보면 어떨까요?

선생님도 평범이님이 공부할 땐 누구보다 적극적으로 발표하고 쉬는 시간에는 친구들과 열심히 웃고 떠드는 모습을 좋아하실 겁니다. 마찬가지로 친구들도 쉬는 시간에는 재미있게 놀고 수업 시간에는 집중하는 그 모습이 멋있게 느껴질 것은 당연하고요~^^

저의 예를 들면, 고등학교 때 발표를 재미있게 잘하는 친구의 모습이 멋져 보였습니다. 조용하고 별로 눈에 띄지 않던 친구였는데 발표를 한 달 넘게 열심히 준비했습니다. 꾸준히 노력하여 멋지게 해내는 그 친구와 친해지고 싶다는 생각을 했답니다.

마찬가지로 평범이님도 분위기 메이커가 되고 싶다는 소망을 가지고 꾸준히 노력한다면 어느새 반에서 인기쟁이가 되어 있을 거예요. 응원합니다!!

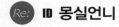

"분위기 메이커가 되는 방법을 알려 주세요."

Re: **ID 몽실언니**

안녕하세요, 평범이님?
평범이님이 남겨 준 고민글을 보고 떠들고 주목받는 친구들을 보며 부러워하는 평범이님의 마음이 느껴지는 것 같아 답변을 남깁니다. 활발하고 다른 사람들을 잘 웃겨 주는 사람이 분위기 메이커가 되는 경우가 많죠. 그런 친구들을 보며 좀 더 활발한 모습으로 변해 보고 싶은 평범이님의 고민에 저도 충분히 공감합니다.

눈치 보지 않고 떠드는 방법에 대해서 질문을 했는데 제가 아는 방법을 알려 드릴까 해요. 수업 시간에 떠들면 선생님께 찍힐 거 같다는 평범이님의 생각도 있기 때문에 쉬는 시간에 친구들과 떠드는 방법을 제안하고 싶어요.

쉬는 시간에 가까운 친구와 함께 전날 있었던 일, 좋아하는 연예인, 재미있는 TV 프로그램 등을 이야기하며 '떠들기'의 시작을 해 보는 것은 어떨까요?

이 방법이 편해지면 친구들을 웃겨 주기 위해 요즘 유행하는 개그 프로그램도 자주 보고 어떤 유행어가 있는지 알아보는 것도 좋을 것 같아요.

제 경우에는 매번 유행어를 하지 않고 정확한 타이밍에 한 번씩 유행어를 하는 친구가 재밌더라고요. ㅎㅎ

그리고 수업 시간에는 선생님의 질문에 재치 있게 답변을 하는 친구가 수업 시간에 참여도도 높고 분위기 메이커도 되는 것 같고요.

무엇보다도 중요한 것은 유행어를 당당하게 해야 한다는 것이에요. 재밌는 유행어나 이야기도 조용한 목소리로 속삭인다면 잘 들리지도 않을뿐더러 재미가 반감되는 것 같더라고요.

많은 친구 앞에서 하는 것이 눈치가 보이고 어렵다면 거울을 보고 혼자 연습도 해 보고 가까운 친구 한 명에게 먼저 시도해 보고 점점 인원을 늘려 가며 해 보는 것도 좋다고 생각해요.

조금씩 연습을 하다 보면 눈치를 보던 것도 조금씩 사라지고 친구들의 반응을 통해 더 재미있고 유쾌하게 발전할 수도 있지 않을까요?

꼭 유행어가 아니더라도 일상 대화에서 유쾌하게 표정과 몸짓을 섞어 대화를 한다면 친구들이 평범이님의 말에 조금 더 집중하고 흥미진

진해하며 평범이님과 대화하는 것을 즐거워할 것이라고 생각해요.

저의 답변이 평범이님에게 도움이 되었길 바라며, 평범이님이 분위기 메이커가 되는 그날을 응원하겠습니다! ^^

"제 성격을 고치고 싶어요."

 ID 에휴

안녕하세요?
저는 고등학교 1학년 남학생입니다.
고등학교에 진학하고 보니 여러 가지가 고민스럽고,
걱정이 됩니다. 저는 제 성격을 고쳐 친구들, 부모님과 원만하게
지내고 싶습니다.
꼭 도와주세요!

지금 저는 친구들을 가려서 사귑니다. 제가 좋아하는 친구들에
게는 잘 대해 주는데, 제 마음에 안 드는 친구들하고는 말을 거의
하지 않습니다. 말하자면 친구들에 대한 호불호가 분명합니다.
이것도 친구에 대한 차별이 아닐까요? 왜 제가 이렇게 친구들을
차별하는지 잘 모르겠습니다. 다른 친구들은 다들 잘 지내는 것
같은데...

또 제가 좋아하는 친구에게 문자를 했는데 바로 답이 오지 않
으면 너무 불안해서 아무것도 할 수가 없습니다. 친구가 나를 싫
어하는 것은 아닌지, 다른 친한 친구가 생긴 것인지... 이런저런
생각들이 꼬리에 꼬리를 물고... 그런 걱정이 들면서 심장이 두근

거리고 미쳐 버릴 것 같이 불안해집니다. 이건 친구에 대한 소유욕이지요?

그리고 저는 제 물건이나 책상 위가 흐트러져 있으면 너무 불안합니다.이런 쓸데없는 불안감이 많다 보니, 요즘은 점점 모든 것에 자신감이 없습니다.

아! 저는 소심하고, 친구에 대한 믿음도 없고, 의지력도 없고, 불안감만 가득한... 나쁜 놈입니다.
어떻게 하면 이런 제 성격을 고칠 수 있을까요?

Re: **ID 햇살가득**

 고등학생이 되어 여러 가지로 고민을 하는 자신이 어딘가 잘못된 것은 아닌가 싶어 걱정이 많은 것 같네요.

고민은 많은데 답은 잘 모르겠고... 자기 자신의 마음에 안 드는 부분을 볼 때마다 자신이 문제가 많은 나쁜 사람으로 생각이 되기도 하나 봐요.

저도 고등학교 때 친구 관계, 부모님과의 관계, 그리고 학업에 대한 걱정들로 가슴이 답답했던 기억이 나네요. 공부에 몰두해도 입시에 붙을까 말까 한데, 이런저런 생각들이 마구마구 몰려드니... 친구 관계는 생각처럼 쉽지 않고, 괜히 짜증은 또 얼마나 나던지... 나의 변덕스러운 생각과 행동으로 친구들이 나를 멀리하면 어쩌나 걱정이 되기도 하고... 나를 180도 다른 사람으로 바꾸고 싶다는 생각도 했어요.

에휴님이 고등학교에 와서 이런저런 고민이 든다는 것은 중학교 때와는 또 다른 세계를 경험하게 되었기 때문일 거예요.

'우물 안 개구리'라는 말이 있지요. 내가 아는 세계가 전부라고 알고 있을 때는 안전하다고 생각하니까 불안감도 생기지 않지요. 그러다가 우물 바깥을 나와 보면, 모든 것이 새롭고 두려운 경험이지요. 그러니 걱정과 불안감이 생기는 것이 당연한 것 같아요.

아마도 에휴님이 느끼는 불안감은 더 많은 것을 경험하면서 느끼는 두려움의 일부일 수도 있을 거예요. 그건 성장할 때 느끼는 두려움이니, 에휴님이 그만큼 성장하고 있다는 증거일 겁니다.

친구에 대해 호불호가 있다고 말했는데요, 다른 사람들도 정도의 차이가 있을 뿐 친구에 대해 좋아하고 싫어하는 사람이 있지 않을까요? 혹시 에휴님은 모든 사람을 좋아해야 하고, 다른 모든 사람도 에휴님을 좋아해야 한다고 생각하고 있는 것은 아닌지요?

만일 그렇게 생각한다면, 너무 힘들겠지요? 대부분의 보통 사람들은 각자 자신이 좋아하고 싫어하는 타입의 사람이 있다고 생각합니다. 모든 사람을 배척하는 것이 아니라면, 호불호가 있는 것이 정상이라고 생각해요. (음식도 좋아하는 음식, 싫어하는 음식이 있잖아요. ㅎㅎ)

친구의 답변에 마음을 빼앗기는 것은 친구에 대한 기대와 신뢰가 크기 때문일 거예요. 친구에게 가는 관심을 자기 자신에게도 조금 나누어 주면 좋겠어요.

나는 무엇을 좋아하나?

나는 무엇에 관심이 있나?

나는 무엇을 싫어하나?

나는 어떤 음식을 좋아하나?

내가 좋아하는 노래는, 운동은, 색깔은, 장소는...?

친구에 대한 마음과 나 자신에 대한 마음의 크기가 비슷할 때, 친구에 대한 기대감에도 조금 여유가 생길 수 있을 거예요.

정리정돈이 안 되면 불안하다고 했는데, 깔끔한 성격인가 봅니다. 덕분에 에휴님의 방과 책상은 깨끗하겠어요. 에휴님의 깔끔한 성격을 부러워하는 사람도 있을 거예요.

그렇지만 혹시라도 정리정돈에 대한 불안감이 너무 높다고 생각되면 학교 상담실 혹은 시·도청소년 상담복지센터[6)]에서 상담을 받아 보시면 도움이 될 거예요. (비용은 무료입니다.) 에휴님이 불안한 원인을 알게 되면 해결책을 찾을 수 있답니다.

자신에 대해 나쁜 사람이라고 하였는데, 어떤 사람이 좋은 사람이고 또 어떤 사람이 나쁜 사람인가요? 자신에 대해 긍정적인 따뜻한 시각으로 바라봐 주세요. 우리는 모두 부족한 면을 가진 사람들이에요. 그 덕분에 겸손과 타인에 대한 이해를 배우게 되는 것 같아요.

에휴님은 지금 멋진 청년으로 성장하는 과정에서의 고민을 하고 있는 것 같아요. 자신의 부족함을 모르는 사람도 많은데, 에휴님은 좀 더 자신을 성장시키려는 의지가 있는 사람이기에 이런 고민을 하는 것 같아요. 에휴님의 노력과 기대를 응원할게요.

아자! 아자!

그리고 지금처럼 언제라도 같이 고민을 나누어요.

귀 열고, 마음 열고 기다릴게요. ^^

"화를 내는 나는 나쁜 사람인가요?"

 ID 새내기

저는 올해 대학생이 된 새내기입니다.

어떨 때는 너무 화가 나서 참을 수가 없어요.

고1 때 학원에서 여자애들이 갑자기 저를 보고 웃는 거예요. 저를 비웃는 것 같아서 막 화를 냈어요. 이 때문에 학원 선생님께서 야단을 치셨습니다. 그때 선생님한테 "성격을 좀 다스려라. 네게 실망이야!"라는 말을 들었어요.

이때부터 저는 '화를 내면 안 돼'라는 생각을 하면서 제 감정을 참기 시작했어요. 그다음부터는 상대가 잘못했다고 생각돼도 꾹 참아 보려고 노력하게 되었어요. 나를 화나게 하는 사람이나 상황을 무시해 버리려고 했어요.

그런데 지난번 MT를 가서 족구 게임을 했을 때, 상대 팀이 반칙을 하고 아니라고 우기는 것을 보니 화가 머리끝까지 났어요. 그랬더니 다른 사람들이 오히려 저보고 "너무 야박하다." "사람이 여유가 없네." "그만해라." "사소한 일에 목숨 걸지 마라."라고 해서 그만 화가 더 폭발해 버렸어요. 이제껏 참았던 욕설도 막 하게 되었어요. 그때는 속이 후련했습니다.

그런데 아는 여자 동기가 "네가 화를 너무 내니 겁이 난다. 진정해! 딴 사람 같아... 음, 좀 실망이야..."라고 말하더군요. 그 말을 들으니 '내가 잘못했나?' 하는 생각이 들었어요. 제가 화를 내는 것을 진정시키려고 그동안 노력한 것도 생각이 났고요.

제가 어떨 때 화를 내는지를 곰곰이 생각해 봤어요. 일단 누군가가 저를 놀리거나 무시하면 막 화가 나고요, 불공평하거나 부당한 상황에 처하면 분노 폭발로 이어집니다.

저도 나−전달법으로 "이렇게 말하면 제가 기분이 안 좋아요."라고 말도 해 봤어요. 그런데 사과를 하지 않거나 대충 넘어가는 태도로 나오면 화가 폭발합니다.

친구들이나 가족들이 저를 보고 화를 많이 낸다고 해서, 고민을 하게 됩니다.

화를 내지 말고 끝까지 참아야 할까요?

"화를 내는 나는 나쁜 사람인가요?"

 Re: **ID 햇살 가득**

 '화'를 잘 내는 자기 자신을 지켜보는 것이 힘든가 봐요. '화'를 내어도 그때만 후련하고, 돌아서면 참아야 했나 하고 후회하고, 한편 참아 내는 것이 좋은 것인가 의문이 생긴다는 거죠?

얼마나 참았으면 님도 모르게 화가 폭발할까요? 자신의 노력이 한순간에 무너진 것 같은 실망감... 저도 종종 느끼는 감정이에요.

더러 화를 잘 참지 못해서 사회생활에 어려움이 있는 사람들이 있는데, 그래도 새내기님은 지금까지 그 어려운 걸 잘 참아 보려고 많은 노력을 해 왔잖아요. 참 대단한 것 같아요. 그리고 화낸 것에 대해 자신을 돌아보는 것도 정말 어려운 일인데 어떻게 그렇게 할 수 있었나 싶어 존경스러운 마음이 드네요. 아마도 새내기님은 자기 자신과 현실에 대해 객관적으로 분석할 수 있는 매우 이성적이고 현명한 사람인 것 같아요.

그러게요. '화'는 정말 다루기 어려운 주제인 것 같아요. 저도 아직 '화'를 다루는 것이 조심스럽답니다.

그럼 우리 '화'를 잡으러 가 볼까요?

'화'가 꼭 나쁘기만 한 것은 아닐 겁니다. 상대방의 잘못된 행동에 대해 자기 자신을 지키려는 건강한 본능이기도 하답니다. 예를 들어, 학교폭력을 당했을 때 "하지 마."라고 당당하게 화를 내면서 맞서는 것은 건강한 '화'일 거예요. 스스로를 지키기 위해서 하는 방어니까요.

저도 조롱을 받거나 놀림을 받으면 '화'가 훅 하고 올라옵니다.

그건 아마도 자기 자신을 지켜 내려는 본능인지도 모릅니다.

새내기님의 '화'가 폭발하는 것은 평소에 '화'를 많이 참고 있어서는 아닐까요? '화'는 압력밥솥의 압력과 같아서, 참기만 하다보면 어느 순간 자신의 통제를 벗어나 폭발을 하거든요.

제 경우에는 우선 화가 나는 순간에는 자리를 피하는 것도 하나의 방법이더군요. 올라오는 '화'를 데리고 잠깐 그 자리를 피해 화장실에 갑니다. 화가 올라오면 이성적인 판단을 잘 할 수 없기 때문이지요.

둘째는 숨을 크게 쉬고, 잠깐 하나, 둘, 셋을 속으로 세어 보는 것입니다. 화가 올라올 때 우리의 혈압이 상승하는 것을 막는 방법이라고 해요.

그 밖에 제가 화를 다스리는 방법은 한 80가지 정도 됩니다.

세수를 하고 나와서 좋아하는 노래 듣기 등등. 그럼에도 불구하고 '화'는 여전히 어려운 주제입니다. 지금도 저는 '화'가 났을 때 남에게도 나에게도 피해가 안 가는 방법을 찾고 있답니다.

나-전달법도 해 보았다고요...

화가 났을 때 나-전달법을 사용하기가 쉽지 않은데, 새내기님은 정말 의지력이 대단한 사람인 것 같아요. 나-전달법으로 불편한 마음을 상대방에게 전달하고 난 뒤, 상대방의 반응에 따라 다시 화가 난다고 하였는데, 제 생각으로는 나-전달법으로 나의 감정을 전달하는 것만으로도 충분하다고 생각합니다.

내 감정을 전달한 후, 상대방의 감정이나 생각은 그 사람의 것이 아닐까요? 누군가가 이러이러하게 기분이 안 좋다고 전달한 뒤, 그러니 너는 이런 생각과 행동을 해야 한다고 요구한다면, 방어하는 마음이 생기지 않을까요? 감정만 전달해야 상대방이 그 말에 대해 생각해 보게 되는 것 같아요.

나-전달법은 내 마음의 억울함을 전달하는 것으로 활용하세요.

"~~~~~하니 내 마음이 속상하다."

충분하진 않더라도 속상한 마음을 전달하는 것은 그냥 참는 것과는 다르더군요. 억울함이 덜어지면 조금은 화가 줄어드는 것 같아요.

새내기님이 화를 내는 순간을 일기로 적어 보는 것도 '화'를 나와 분리해서 객관적으로 지켜볼 수 있는 방법이에요. 이것을 '분노 일기'라고 합니다.

저도 때때로 화가 많이 난다 싶을 때 분노 일기를 한 달 동안 써봅니다. 화가 난 상황, 그때의 나의 행동, 화를 내고 난 뒤의 나의 느낌을 정리하다 보면 스스로에 대해 정리가 되더군요.

이런 여러 방법이 별로 도움이 안 된다면, 상담을 받아 보면 어떨까요? 새내기님이 화를 내는 것의 근원적인 원인을 탐색해 보면 근본적인 해결책이 있을 수 있어요. (학교상담센터, 각 시의 청소년 상담복지센터, 정신건강지원센터 등에서는 무료로 상담을 받을 수 있어요. 그 밖에 청소년 수련관 등에서는 저렴한 비용으로 상담을 받을 수 있어요.)

'화'를 잘 조절하는 것이 정말 힘들지만, 그렇다고 할 수 없는 것은 아닌 것 같아요. 새내기님이 지금까지 화를 잘 삭이려고 노력한 것들이 언젠가는 결실이 되어 돌아올 거예요. 자기 자신을 잘 아는 것보다 현명한 것은 없다고 하지요. 현명한 새내기님은 분명 '화'도 잘 삭일 수 있을 겁니다.

함께 '화'를 잘 삭여 봐요.
새내기님의 노력에 응원 보냅니다. ^^
아자, 아자!

"말 잘하시는 분들의 조언이 필요합니다."

 ID 초코우유

안녕하세요, 이제 갓 대학에 들어온 신입생입니다.

대학에 들어온 다음에 고민이 생겼습니다.

제가 어릴 때부터 책 읽는 거 별로 안 좋아하고 글짓거나 그런 거는 더 싫어하고 그랬습니다. 그리고 남들 앞에서 말하는 것도 안 좋아해서 말도 잘 못합니다. 친구랑 얘기할 때도 들어 주는 편이고 싸울 때도 친구가 잘못했지만 제가 말을 잘 못해서 지는 경우도 있었습니다. 그래서 친구들 사이에서는 그냥 들어 주는 사람이 되어 버렸고 화 안 내는 애가 된 것 같습니다.

그래도 중·고등학교 때까지 학교 잘 다니고 친한 친구도 있고 그랬는데, 이제 대학생이 되니까 발표라든지 조별 모임이라든지 말을 해야 하는 일이 많아지고 과제는 당연히 다 적어서 내는 거니까 다 못 해서 못 낸 적도 있고 점수도 잘 안 나오고 그럽니다.

발표 수업에서는 준비를 다 하고 가는데도 앞에 나가서 말도 못 하겠고 다리도 덜덜 떨리고... 조별 모임에서는 그냥 가만히 있다가 오고 그럽니다.

그래서 두 달 전부터 두꺼운 책도 읽고 신문도 읽으면서 읽는 건 조금씩 나아지고 있습니다. 그런데 앞에서 발표하거나 남들 앞에서 말하고 하는 건 아직도 어렵습니다. 그래서 말 잘하시는 분의 조언이 필요합니다. 말솜씨 좋은 분들, 어떻게 말솜씨를 기르는지 조언 부탁드립니다.

Re: **ID 몽실언니**

안녕하세요, 초코우유님. 이제 갓 대학생이 되어 많아진 리포트와 발표 수업으로 어려워하는 초코우유님의 사연을 보고 저도 공감이 되어 글을 남기게 되었어요. 대학교는 중·고등학교와는 다른 방식으로 수업이 진행되는 것 같아요. 생각이나 정보를 정리해서 적어야 하는 리포트와 그 내용을 토대로 사람들 앞에 나가 발표를 해야 하는 일이 종종 있고 이로 인해 많은 대학생에게 어려움을 주고 있다고 생각해요. 저도 그럴구요.

초코우유님이 발표를 할 때 말문이 막히고 친구와 싸울 때 하고 싶은 말을 잘 못하고 넘어갔다면 답답하기도 하고 속상하기도 했을 것 같아요. 그럼에도 이 일로 속상해하고 좌절하는 것이 아니라 두꺼운 책과 신문을 읽으며 노력하는 초코우유님의 모습이 너무 멋지다고 느껴지네요!

초코우유님의 노력에 도움을 드리고 싶어 제가 발표 준비를 할 때 써 온 방법을 초코우유님께 알려드리고 싶어요. 저는 발표를 준비할 때 제가 발표해야 할 것보다 조금 더 준비해 간답니다. 이전에 준비를 안 했을 때에는 발표 후에 하고 싶었던 말들이 마구 떠올라 아쉽기도 하고 다시 발표를 하고 싶다는 생각이 들곤 했어요. 이런 후회를 없애려고 발표를 준비할 때 조금 더 이야기할 것을 준비하고 발표를 했어요. 그리고 발표 전에 거울을 보고 연습하거나 녹음기로 녹음을 해서 들어 보며 어떤 부분에서 말이 빨라지는지, 어떤 부분에서 전달력이 좋은지를 들어 보곤 했답니다. 이 방법을 사용하게 되면서, 말할 때 어떤 버릇을 가지고 있는지를 알 수 있었고 수정할 부분을 파악하기도 좋았어요. 준비가 되어 있다는 자신감을 가지고 발표를 했을 때 이전보다는 떨리는 마음이 줄어든 것 같더라고요.

다른 방법으로는 말을 잘하는 분들의 동영상을 들어 보는 거예요. 짧은 시간 동안 대중의 시선을 사로잡고 강의를 하는 분들의 말솜씨는 정말 뛰어나다고 생각해요. 그런 동영상을 보며 마음에 와 닿은 표현을 초코우유님이 실제 대화에서도 사용하며 말솜씨를 늘려 가는 방법은 어떨까요?

제일 쉽고 편안한 방법은 친한 친구와 함께 수다도 떨고 대화도 많이 나누는 거겠지요. 친한 친구에게 초코우유님의 대화 습관에 대해서 물어보고 어떤 점이 좋은지에 대해서도 물어본다면, 초코우유님의 말솜씨에 대해 파악할 수 있게 되고 이로 인해 좋은 점은 강화할 수 있고 안 좋은 점은 수정해 볼 수 있다고 생각해요. 다른 노력과 더불어 가까운 친구에게 초코우유님의 말솜씨에 대한 피드백을 받을 수 있다면 성장하는 데 도움이 되지 않을까 생각이 들어 제안해 봅니다. 내가 어떤 말을 어떻게 하고 싶은지를 알게 된다면 다른 사람에게 말을 할 때에도 조금 더 자신감이 붙어 조별 모임이나 친구와 싸울 때에도 초코우유님의 의견을 말하기 편해지지 않을까 생각이 드네요.

초코우유님의 노력에 박수를 보내며 그 노력이 빛을 발하는 날을 기대합니다! ^^

"친구에게 너무 집착해요."

 ID 치즈쿠키

고1 여학생입니다. 친구를 대하는 제 성격에 대해서 고민이 있어서 글을 남깁니다.

저랑 친한 친구가 있는데 이 친구에 대해 걱정이 자꾸 생깁니다. 카톡을 했는데 답장이 안 오면 계속 신경 쓰이고 핸드폰만 쳐다보고 있어요. 가끔 저랑 집에 안 가고 다른 친구랑 가거나 매점을 다른 친구랑 가면 너무 서운하고 그 친구가 이제 저를 안 좋아하는 거 같은 생각이 듭니다.

제가 그 친구한테 잘못한 게 있는지 계속 생각하고요. 제가 그 친구에 대한 소유욕이 강한 건가요? 저는 남이 저를 싫어하는 게 너무 싫은데 이 친구도 그렇게 될 거 같아서 걱정됩니다.

하지만 이제 공부도 해야 하고 그 친구가 저를 싫어하는 건 아닌지 걱정하는 것도 피곤합니다. 더 이상 카톡에 신경 쓰면서 지내고 싶지 않습니다. 원만한 성격으로 살고 싶어요.

하나하나 불안하고 사소한 것도 걱정하는 성격을 어떻게 하면 고칠 수 있을까요?

Re: **ID 몽실언니**

안녕하세요, 치즈쿠키님.

친구를 대하는 성격에 고민이 있다는 치즈쿠키님의 글을 보고 어떤 일이 있었길래 치즈쿠키님이 이런 생각을 가지게 됐을까 궁금해서 글을 읽게 되었어요. 친한 친구와의 관계에서 불안한 마음이 생기고 핸드폰만 보게 된다는 치즈쿠키님의 글을 보니 그 친구와의 관계를 위해 많이 노력하는 것 같고, 한편으로는 연락이 오기를 계속 신경 쓰는 일이 피곤할 것 같다는 생각도 들었어요.

다른 사람이 나를 싫어하게 되는 것은 정말 속상한 일이지요. 특히 나를 싫어하는 사람이 친했던 친구라면 더더욱 마음이 아플 거라고 생각해요. 치즈쿠키님이 걱정하는 부분도 이런 상황일 거라고 생각이 드네요.

불안하고 사소한 것도 걱정하는 성격을 고치고 싶다고 하였는데 저는 이 불안과 걱정에 대해 초점을 맞춰 보는 것을 제안하고 싶어요. 친구와의 관계를 신경 쓰는 것도 좋지만 치즈쿠키님의 내면에 생긴 불안이 어디서 온 것인지 생각해 보는 건 어떨까요? 친구가 싫어하는 것은 물론 속상한 일이지만 치즈쿠키님이 계속 핸드폰에 신경 쓰일 정도로 다른 사람이 자신을 싫어하는 것에 초점이 맞춰져 있는 이유에 대해 고민해 보는 것도 좋은 방법일 것 같아요. 이 친구도 그렇게 될 거 같다고 했는데 이전에 이런 비슷한 경험이 있는지, 있다면 그 경험에서 느낀 것이 무엇인지도 궁금하고요.

치즈쿠키님이 느끼는 감정에 조금 더 집중하고 신경이 쓰이는 원인을 찾아낸다면 치즈쿠키님의 불안하고 걱정되는 마음이 조금은 줄어들지 않을까 생각이 듭니다. 만약 친구의 행동이 계속 신경이 쓰이고 걱정된다면 솔직하게 친구와 대화를 나눠 보는 것도 좋을 듯해요. 치즈쿠키님이 그 친구를 생각하고 노력하였던 것을 솔직하게 이야기하며 서운했던 점을 말한다면 그 친구도 충분히 치즈쿠키님의 이야기를 들어줄 거라는 생각이 드는데 이 방법은 어떤가요? 같이 하교하거나 매점에 갈 때 이야기를 해 보고 그 친구의 생각을 들어 보는 것도 좋은 방법일 듯합니다. 오해하는 부분이 있으면 대화로 풀어 나가고 더 좋은 친구 관계를 위해 서로 노력할 방법을 함께 나눠 본다면 지금보다 조금 더 편안한 관계가 될 수 있지 않을까 하는 생각이 드네요.

불안하고 걱정되는 마음을 용기 있게 털어놓는 모습이 너무 멋져요! 그런 마음을 알아차린 것만으로도 한걸음 더 나아간 거라고 생각해요. 저의 답글이 도움이 되었길 바라며, 치즈쿠키님의 생각과 감정을 깊이 이해하고 그 친구와도 편안한 관계를 이어 나가길 바라겠습니다.

"분노조절장애 같아요."

 ID 샤크

 아오!!!!!!!!!!!!!!!! 요즘 따라 자주 빡치는 일이 생기니까
아주 살기 싫어요!!!!!!!!!!
이런 게 분노조절장애인가요???

어제는 엄마가 형이랑 치킨 시켜 먹으라고 돈 주고 가서서 제
가 학원 다녀오면 같이 먹기로 했는데, 다녀와 보니까 지 혼자 시
켜 먹고 닭 목 부분만 남겨 놨더라고요. 열 받아서 그냥 다 버리
고 형한테 왜 혼자 다 처먹었냐고 하니까 그런 걸 가지고 화를 내
냐며 정신병자라고 하더군요.

그리고 오늘은 자려고 누워 있는데 아빠가 주차장으로 내려와
보라고 해서 내려갔더니, 짐 좀 가지고 올라가라고 해서 땀 뻘뻘
흘리면서 무거운 짐 날랐어요.
이것뿐만이 아닙니다... 아, 인간들이 왜 저를 이렇게 빡치게
하는지... 그지 같네요. 진짜.

제가 분노조절장애입니까??? 오죽 빡쳤음 제가 여기까지 와서
글을 쓰겠어요?

ID 아껴없이 주는 나무

 샤크님, 안녕하세요. 반갑습니다.

샤크님의 글을 보니 화가 많이 나신 것 같네요... 아이구...
화도 많이 났는데, 스스로 분노조절장애라고 생각될 만큼 화를 조절
하는 것에 어려움을 느낀 것 같아요... 특히 가장 가까운 가족과의 관
계에서 발생하는 문제는 더욱 감정을 조절하기가 쉽지 않죠.

형과 치킨 문제로 다툰 상황에서 보듯이, 화가 나는 상황에서 당연히
부드러운 대화가 오가기 어려웠을 테고, 그러다 보니 격한 말도 오간
것 같아요.

샤크님은 치킨을 시켜 형과 함께 맛있게 먹는 것을 기대했을 텐데,
그 기대가 무너지니 얼마나 기분이 상하고 형한테 서운했겠어요.

그뿐만이 아니라 여러 가지로 샤크님의 삶에서 예상치 못한 사건들
이 생기니까 화가 쌓이고 쌓여서 터지는 것 같아요.

샤크님, 이렇듯 감정이란 표출하지 않고 쌓아 두다 보면 나중에 눈덩
어리처럼 커져서 나도 모르는 사이에 불쑥 튀어나오기도 한답니다. 우
리 샤크님이 어떤 부분에서 가장 불편하고 스트레스를 받고 있는지
한번 생각해 볼 필요가 있을 것 같아요.

가족 또는 타인과 관련된 해결되지 않은 문젯거리들이 쌓여 있진 않은지, 내가 그들에게 진정으로 하고 싶은 말은 무엇인지 생각해 보는 건 어떨까요?

가족들에게 자신의 의사를 표현할 때에도, 서로의 감정이 상하지 않도록 배려하는 마음을 가지고, "형은 왜 혼자 다 처먹었어?"라고 말하기보다는 "우리 같이 먹기로 했잖아. 형 혼자 다 먹어 버리면 어떡해."라고 말을 건넨다면, 서로 격한 말이 오가며 감정을 상하게 하는 일들은 조금 줄어들지 않을까요?

그리고 샤크님이 스트레스를 해소하고, 삶을 잘 관리하기 위해 운동이나 취미 활동을 위한 자유 시간을 틈틈이 갖는 것도 도움이 돼요.

샤크님은 무엇을 할 때 가장 즐겁나요? 본인이 즐겁고, 도움이 되는 취미생활을 정해서 주기적으로 해 보는 것도 좋을 것 같다는 생각이 듭니다.

샤크님, 모든 사람은 현실의 일부일 뿐이에요. 타인으로 인해 나를 힘들게 하는 것보다, 자기 자신을 잘 돌볼 수 있는 방법을 생각하면서, 즐거운 나날들을 보내기를 바랄게요.

힘들 때 언제든 또 찾아 주세요. ^^

"자존감이 떨어져요."

ID 우유

안녕하세요. 저는 고등학교 2학년 여학생입니다. 직접 만나서 상담을 하고 싶지만 부끄러워 사이버상담을 신청합니다.

갑자기 1년 사이에 살이 10kg 정도가 쪘습니다.

저는 좀 외모에 관심이 많은 편입니다. 그래서 그런지 지금 제 모습이 너무너무 싫습니다.

그래서 운동도 하고 식단도 조절하면서 다이어트도 열심히 하고 있습니다.

그런데 이게 문제가 아니라, 최근에 예전과는 다르게 어느 순간에 갑자기 너무 우울해질 때가 있습니다.

혼자서 나름 이유를 찾아보면 당연히 살이 쪄서 자존감이 떨어진 것 같은데, 왠지 다른 이유가 있는 것 같습니다.

갑자기 찾아오는 이 우울감을 혼자서 감당하기가 너무 힘듭니다.

거기다가 제가 이번에 합창단 단장을 맡았거든요. 뭔가 잘 해야 한다는 생각도 부담감으로 느껴지기도 하고... 갑자기 찾아오는 우울감을 이겨 내야 하는데 어떻게 해야 할지 모르겠습니다.

뭔가 이유가 있을 텐데 그 원인을 찾고 싶습니다.

지금 저 자신이 너무 싫고 자존감도 바닥이고 답답하고 미칠 것 같은데 이 상황을 어떻게 하면 좋을지 알려 주세요.

 *Re:* **ID 스마일 :)**

안녕하세요, 우유님.

우유님의 고민을 읽으면서 원인도 모르는 이 상황이 정말 답답하고 힘들겠다는 생각이 들었습니다. 정확한 이유는 모르겠지만 우유님이 1년 사이에 갑자기 10㎏이나 살이 쪄서 자신의 모습이 싫고, 자존감이 떨어졌다고 하는 것을 보면서 마음이 많이 아팠습니다. 우유님의 글을 읽으면서 이 상황을 진심으로 극복하고 싶어 하는 의지가 있는 사람이라는 것도 알게 되었습니다. 스스로 어떤 것이 좋고 싫은지 분명히 알고 운동과 식단 조절을 통하여 다이어트를 하려고 노력하는 모습, 어떤 이유로 우울감이 찾아오는지 원인에 대해 이해하고 싶어 상담을 요청한 그 노력이 대단하다는 생각이 듭니다. 또 한편으로는 학교생활 가운데 합창단 단장으로서 맡은 바 최선을 다하고 싶어 하는 우유님이 멋지다고 느껴졌습니다.

우유님의 글에서처럼 전과는 다르게 우울감이 갑자기 찾아오는 이유는 분명히 있을 것이라고 생각합니다. 저도 마찬가지로 고등학교 때 기분이 좋았다가 나빴다가를 반복했던 때가 있습니다. 친구들과 고민을 이야기하고 선생님께도 어려움을 토로하면서 대화를 통해 스스로를 이해하며 성장하는 시간을 가졌습니다.

상담소에 찾아오기 부끄럽다고 하였지만 지금의 마음과 같이 이겨내고 싶어 하는 용기를 좀 더 발휘하여 학교 상담소에 방문해 보는 것은 어떨까요? 찾아가는 것이 정 어렵다면 청소년 전화상담 1388로 전화 상담을 하는 것도 추천합니다. 고민을 나누면서 스스로 자신을 알아가며 성장하는 기쁨이 있을 거라고 저는 확신합니다.

우유님! 늘 응원하겠습니다.

"저 자신이 한심해요."

 ID 초코

제가 목숨 걸고 했던 일이 있어요. 그것도 4년 동안
이요.

4년 동안 준비하면서 희망도 있었고, 기대에 부풀어
있었는데... 한순간에 물거품처럼 끝나 버렸어요... 너무 혼란스
럽고 힘이 들어요... 왜 내가 이걸 4년 동안 준비를 했을까... 희망
을... 왜 그랬을까...

계속 4년, 이 시간이 너무 아깝고 그래요.

ID 빛나는 별

 안녕하세요. 초코님... 초코님의 글을 읽으면서 어떤 말로도 위로가 안 될 것 같고... 많이 힘들었을 초코님을 생각하니 얼마나 속상할지... 너무나 허무할 것 같아요.

4년간 본인이 희망을 갖고 했던 일이 한순간에 물거품처럼 끝나 버린 이 상황이 말로 표현할 수 없을 정도의 충격으로 다가올 것 같아요. 한순간에 끝나 버린 그 일과 같이 초코님 자신도 함께 없어져 버린 것 같은 공허함과 무력감...

'왜 내가 이것을 4년 동안이나 했을까?' 라고 말할 정도의 상실감도 클 것 같고요.

한 가지를 바라보며 오래 지속하기가 얼마나 고통스러운 길인데 그걸 감내하면서지금까지 지켜 온 초코님... 얼마나 힘들지...

기다려 주고 싶다고 이야기하고 싶어요.

당장 무엇을 하지 않아도 되고, 무언가를 정하지 않아도 된다고 말해 주고 싶어요.

힘내길 바라요. ^^

"감정을 잘 다스리고 싶은데 어려워요."

 ID 하늘

화나는 감정이 생기면 이 감정을 통제하질 못하겠어요...

제가 보기엔 다른 사람들은 여러 가지 감정을 잘 넘기고 하는 거 같은데 저는 그게 너무 어려워요... 특히 화날 때 못 참겠어요...

노하우라든지 다른 사람들은 어떻게 넘기는지를 가르쳐 주세요.

"감정을 잘 다스리고 싶은데 어려워요."

Re: **ID 빛나는 별**

안녕하세요, 하늘님. ^^

감정을 잘 통제하고 싶고 조절하고 싶은데 그러지 못하는 자신의 모습에 많이 답답한 것 같기도 하고 힘들어하는 것처럼 보여요. 하늘님에겐 다른 사람들은 여러 가지 감정을 잘 조절하면서 이겨 내는 것처럼 보였나 봅니다.

저도 예전에는 '나는 이 감정을 못 이겨 내고 힘들어하는데 다른 사람들은 아무렇지 않아 보이고 굉장히 잘 이겨 내는 것 같네. 어떻게 하면 저렇게 될 수 있을까?'라는 생각을 했었어요. 나는 못하는 것 같은데 다른 사람들을 보면 아무렇지 않게 하는 모습이 신기했어요.

사실, 감정을 다스린다는 것이 참 어려운 일이죠. 많은 사람이 자신의 감정을 어떻게 다루어야 하는지에 대해 잘 알지 못한다고 합니다. 그래서 여러 상황 속에서 화나는 감정을 꾹참았다가 한꺼번에 터뜨리는 사람도 있고, 울컥하는 마음에 순간순간 화를 내 버려서 주변 사람들과 불편한 상황이 생기는 경우도 많은 것 같아요. 어쩌면 하늘님도 모르는 사이에 마음속에 화가 많이 쌓여서 더 이상은 참지 못하게 된 것은 아닐까 하는 염려도 조금 들어요. 그래도 그런 모습을 잘 알아차리고 고쳐 보려고 노력하며 이렇게 고민하는 모습이 대단하다는 생각이 듭니다.

물론 어렵기도 하고, 처음에는 잘 되지 않겠지만, 하늘님이 이렇게 노력해 보려는 마음이 있으니 작은 것부터 하나하나 해 보는 것은 어떨까요? 화가 나는 순간에 일단 크게 심호흡을 하고 '내가 왜 이렇게 화가 나는 걸까?' 하고 내 마음을 먼저 들여다보는 게 도움이 됩니다. 화나는 감정과 생각을 하나씩 종이에 적어 정리해 보고, 다르게 생각해 볼 수는 없는지 적어 보기도 하고요... 화나는 내 마음을 달래 줄 나만의 방법을 찾아보는 것도 좋습니다. 저는 제 이야기를 들어 주고 제 맘을 이해해 줄 친구와 이야기를 나누는 게 도움이 되는 것 같아요.

쉽지 않겠지만 조금씩 노력하다 보면, 화나는 상황이나 상대방에 대해 '이런 상황에서 또는 이런 이야기들이 나에게 어떤 이유로 상처가 되는구나.' 하고 정리가 되고, 그러고 나면 화를 폭발시키는 방식이 아니라 내가 무엇을 원하는지, 왜 화가 나는지 분명하게 전달할 수 있게 되겠죠? 조금씩 연습해서 익숙해지다 보면, 하늘님이 원하는, 감정을 잘 다스릴 수 있는 사람에 점점 가까워지지 않을까 하는 기대가 듭니다. 응원할게요!

가족이 미워요

"집에 들어가기가 싫어요."

 ID 외롬이

안녕하세요?

저는 중학생이에요.

저희 가족은 아빠, 엄마, 고등학생 오빠 그리고 저까지 4명이에요. 엄마, 아빠가 사이가 안 좋아 맨날 싸워요. 싸우면 엄마는 울고, 아빠는 물건을 던지고... 그러면 오빠는 집 바깥으로 나가 버려요. 그 전쟁터 속에서 저만 혼자 방 안에서 나오지도 못하고... 그러다 올봄에 드디어 아빠가 집을 나가 버렸어요. 엄마는 너무 충격을 받아서 그때 이후로 병원을 다니고 있어요. ㅠㅠ 엄마가 우울해하니까 저도 집에 가면 속이 상하고 엄마 눈치만 보게 되어요. 저 진짜 어떻게 하면 좋을지 모르겠고... 아빠가 전화를 했길래 집에 안 오냐고 울었더니, 아무 대답이 없었어요. 이러다 진짜 엄마, 아빠가 이혼을 하는 게 아닐까 걱정이 되어요.

오빠는 고등학생인데 걸핏하면 집에 안 들어와요. 엄마가 어쩌다 잔소리를 하면, 지가 더 큰소리로 대들고, 물건을 던지기도 해요. 오빠가 집에 안 들어오면 엄마가 더 많이 우울해하고 불안해하세요. 엄마는 "나한텐 너밖에 없다."라고 하면서 막 우세요. ㅠㅠ 그러면 저도 막 마음이 안 좋아요. 엄마가 너무 불쌍하고, 저도 불쌍하구... 그래서 제가 오빠에게 '집 좀 나가지 말라.' 고, 엄마한테 말도 좀 함부로 하지 말고, 욕도 하지 말라고 했더니, "니가 뭔 상관이냐?"라고 하면서 제게도 막 화를 내고 욕을 하면서...

요즘 엄마는 건강이 더 안 좋은 것 같아요. 제가 학원 갔다 오면, 침대에 누워만 계세요. 배도 고픈데 집에 밥이 없어서 저녁마다 라면 아니면 인스턴트 음식으로 때워요.

저도 다른 아이들처럼 따뜻한 가정을 가지고 싶어요... 저도 오빠처럼 점점 집에 들어가기가 싫어요. 엄마를 생각하면 그러면 안 되는데, 자꾸 나도 모르게 집에 늦게 들어가는 날이 많아요.

이러면 안 되는데...

ID 햇살 가득

 외롬이님의 글을 읽는 동안 마음이 많이 아팠어요.
중학생 소녀가 감당하기에 얼마나 힘이 들까 싶어, 옆에
있다면 꼭 안아 주고 싶어요. 너무 힘이 들 때는 마음 놓
고 울어도 된다고 말해 주고 싶어요.

집에 들어오지 않는 아빠, 아픈 엄마, 밖으로 도는 오빠... 외롬이님
도 아직은 돌봄을 받아야 하는 나이인데, 아빠도 오빠도 아픈 엄마를
나 몰라라 하고 님만 혼자 남겨 두었네요.

저라면 그런 아빠, 오빠가 너무 원망스러울 것 같아요. 가족 중에 기
댈 사람 하나 없이, 아픈 엄마를 거의 혼자 보살피고 있네요. 얼마나 힘
이 들고 외로울까요? 외롬이님의 예쁜 마음이 울고 있는 것이 보이는
것 같아요. ㅠㅠㅠㅠ

제 주변에도 이렇게 힘든 어린 시절을 보낸 친구가 있어요. 그 친구
는 학교에 와서도 잘 웃지를 못했어요. 아픈 엄마가 집에 있는데, 자신
은 밥 잘 먹고 친구들과 웃으며 지내는 것이 큰 잘못같이 느껴진다고
하더군요.

하지만... 과연 그럴까요?

제 생각에는 오히려 우리랑 있을 때 마음껏 즐겁게 지내야 집에 돌

아가서 엄마를 보살필 힘이 날 것 같았어요. 그래서 저랑 제 친구가 그 친구를 웃기려고 노력했던 기억이 나네요. 지금 그 친구는 그 시절을 잘 극복하고 행복하게 잘 살고 있는데, 그때 우리가 참 많이 고마웠다고 하더군요.

외롬이님 학교에 외롬이님을 이해하고 위로해 줄 친구가 있으면 참 좋을 텐데... 외롬이님 주변에 마음을 터놓고 이야기할 친구가 있는지 한번 찾아보세요. 그런 좋은 친구가 있으면 많이 위로가 될 텐데요.

그런데 때로는 아무도 내 힘듦을 모를 때가 있더라고요.

그럴 때 저는 제가 좋아하는 것으로 스스로를 위로한답니다. 그게 생각보다 효과가 좀 있어요. ^^ 저는 힘이 들 때 저에게 노래도 불러 주고, 매운 떡볶이도 먹어 주고, 목욕도 하고, 책도 읽고, 초콜릿도 먹고, 걷기 등을 해요. 그러면 그 힘든 순간이 조금은 지나가더군요. 그리고 '나'라는 또 다른 친구가 나를 위로해 주는 것 같아 조금은 덜 외로워요.

"○○야! 오늘도 애썼어!"라고 말하면서 외롬이님이 좋아하는 일을 하루에 한 가지씩이라도 해 주면 어떨까요? 당장 외롬이님을 위한 일을 꼭 해 보세요. 분명 조금은 위로가 될 거예요.

엄마, 아빠의 문제는 속상하지만, 외롬이님이 어쩔 수 없는 어른들의 문제이니 두 분에게 맡겨 주세요.

차라리 님이 아픈 엄마를 위해 할 수 있는 일을 생각해 보면 어떨까요? 약 먹을 때 마실 물 떠다 드리기, 엄마 대신해서 세탁기 돌리기, 전기밥솥에 전원 넣기, 엄마가 다시 건강해질 방법 찾아보기 등등. 엄마에게 실제적인 도움이 될 것 같아요. (물론 지금도 이 모든 일을 하고 있겠지만요.)

오빠에게는 외롬이님의 힘든 마음만 전달해 보세요.
"오빠가 안 들어오니, 걱정되고 불안해."
"나 혼자 엄마를 돌보는 것이 힘들어."
"오빠, 나 무섭고 힘들고 속상해."
그냥 이렇게 외롬이님의 마음을 전달하세요. 그리고 그 말을 듣고 오빠가 달라지지 않더라도 너무 실망하지 마세요. 내 마음은 전달하지만, 변하는 것은 오빠 몫이에요. 오빠에게 자신의 속상한 마음을 전달하다 보면, 억울하고 속상한 마음이 조금은 덜어질 수 있을 거예요.
그리고 기적처럼 오빠가 변화할 수도 있고요.

세상을 변화시킬 수는 없겠지만, 님의 마음을 위로하고 응원할 수는 있답니다. 님이 이 힘든 상황 속에서 잘 성장한다면, 편안한 온실 속에서 자란 꽃들과는 비교할 수 없을 정도의 강인한 의지력과 넓은 이해심을 가진 사람이 될 수 있을 거예요.
그리고 너무 많이 힘들면, 학교 상담실이나 시 · 도 청소년상담복지센터에서 상담을 통해 위로와 응원을 받았으면 좋겠어요. 가까운 건강가정지원센터[7]에서 어머니와 함께 상담을 받아 보는 것도 도움이 될 수 있을 것 같아요.

이렇게 힘든 상황 속에서도 어머니를 생각하고 가족을 생각하는 따뜻한 마음과 의지를 가진 외롬이님은 정말 대단한 사람이에요.

엄마와 가족을 염려하는 외롬이님의 노력에 조금이라도 위로와 응원이 되었으면 좋을 텐데...

도움이 필요하면 글 올려 주세요.

언제든지 힘껏 손잡아 드릴게요.

"엄마가 바람을 피우는 걸 알았어요."

 ID wendy

저는 중2 여자이고, 죽고 싶을 만큼 힘들어서 여기에 글을 올려요... 제목 그대로 엄마가 바람을 피워요.

엄마랑 저랑은 자주 같이 다니고 학교에서 있었던 일, 친구랑 있었던 일 다 털어놓을 정도였어요. 진짜 베프보다 더 친한 관계라고 생각했는데...

엄마 핸드폰을 보다가 다른 남자가 있다는 걸 알게 됐습니다. TV에서만 보던 일이 저한테도 일어날 줄은 몰랐네요, 진짜. 내가 알던 엄마가 아닌 것 같고, 이제는 못 믿겠어요. 충격이 가시질 않고 갑자기 저랑 언니를 버리고 사라질 것 같은 생각만 자꾸 들고 미치겠네요.

정말 죽고 싶습니다. 어떻게 해야 하죠, 정말?

"엄마가 바람을 피우는 걸 알았어요."

 Re: ID 구름

안녕하세요, wendy님!
엄마에게 다른 남자가 있다는 걸 알게 되었을 때 얼마나 충격과 상처를 받으셨을까요... 엄마와 베프보다 친한 사이였다면 애정이나 믿음도 컸을 텐데 그것들이 모두 무너지는 느낌이었을 것 같네요.

제가 wendy님의 입장이어도 엄마가 미우면서도 나를 버리고 떠나 버릴 것 같다는 생각에 많이 혼란스러울 것 같아요...

이번 일을 혼자 헤쳐 나가기가 참 어렵고 막막하겠다는 생각이 들어요. 친구에게 쉽사리 털어놓기도 힘들 것 같고요. 언니와의 관계가 어떨지 모르겠지만 언니에게도 이러한 상황을 알려 주고 어떻게 해결해 나갈지 같이 고민해 보는 건 어떨까요? 학교에 상담 선생님이 있다면 찾아가 상담을 받으면서 어려움을 나눠 보는 것도 큰 도움이 될 것 같고요!!

그리고 wendy님의 속 깊은 얘기도 잘 들어 주시던 엄마였으니, wendy님이 느끼는 솔직한 마음과 바라는 것을 엄마에게 용기 내어 말해 보는 것도 좋을 것 같아요. 혼자 문제를 끌어안고 끙끙 앓기보다 먼저 이야기를 꺼냄으로써 오히려 좋은 방향으로 해결될 수 있으니까요. ^^

한 번에 풀릴 수 있는 문제가 아니기에 한동안은 마음이 힘들 수 있어요. 그러니 힘들고 답답할 때마다 이곳에 글을 올려 주세요. 우리 함께 고민하고 헤쳐 나아가 봐요!

"잔소리 듣기 싫어요."

 ID 동글이

엄마, 아빠의 잔소리가 너무 듣기 싫어요.

옆집 애는 이번에 수학 1등급 맞았다고 하더라, 누구는 미술대회 나가서 상 받았다고 하더라, 고등학교 올라갔으면 예전보다 더 열심히 공부해야 되는 것 아니냐, 공부는 하고서 친구들이랑 노는 거냐, 적당히 놀고 집에 일찍 들어와라...

안 그래도 예전에 비해 성적도 오르고 학교생활도 성실하게 잘하고 있다고 생각하는데 공부 잘하는 친구랑 비교할 뿐만 아니라 다른 잔소리까지 하니까 엄마, 아빠랑 얘기하다 보면 억울하고 짜증 나서 목소리가 커지면서 서로 말싸움을 하게 돼요. 물론 저 잘되게 하시려고 그러는 것도 알고, 부모님한테 대들면 부모님이 속상해하시는 걸 아니까 안 그러려고 하는데도, 자꾸 뭐라 하고 잔소리하시니까...

특히 시험기간이나 기분 안 좋을 때 잔소리하면 더 공부가 안되고 짜증 나요.

잔소리를 줄일 순 없을까요? ㅠㅠ

Re: **ID 풀잎**

안녕하세요, 동글이님.

예전에 비해 성적도 오르고 학교생활도 성실하게 잘 하고 있다고 생각하고 있는데, 부모님께서 자꾸 다른 친구와 비교하시고 잔소리를 하시니 많이 답답하고 억울했겠어요. 게다가 시험기간이나 기분 안 좋을 때 잔소리를 들으면 기분이 더 안 좋아지죠...

부모님의 마음도 이해하고 부모님께 대들면 부모님이 속상해하시는 걸 아니까 그러지 않으려고 하는데도, 답답하고 억울한 마음에 얘기하다 보면 목소리가 커지면서 말싸움을 하게 되고... 안 그러려고 했던 마음과는 달리 큰소리를 내면서 싸우고 나면 부모님께 마음 쓰이기도 하고 후회도 되고 그만큼 더 많이 속상했겠어요...

그래도 동글이님이 부모님께 대들면 부모님이 속상해하시는 걸 알고 그러지 않으려고 하는 걸 보니 부모님을 생각하는 착한 마음이 느껴지네요. 동글이님을 응원해 주고 싶어요.

목소리가 커지기 전에 부모님께서 동글이님의 마음을 알아봐 주시면 좋을 텐데 그러질 못해서 더 속상하고 억울하기도 하고 답답했을 것 같아요. 이런 동글이님의 마음을 부모님께서 이해해 주실 수 있게 전달해 보는 건 어떨까요?

음... 예를 들면, 부모님께 동글이님의 솔직한 마음을 담은 편지를 쓰거나, 부모님이 좋아하시는 음식을 같이 먹으면서 부모님이 기분 좋으실 때 동글이님의 마음을 전달해 보거나... 이 밖에도 여러 가지 좋은 방법이 충분히 있을 거라 생각해요.

동글이님이 느끼는 것처럼 부모님께선 동글이님이 잘되길 바라시고 사랑해 주시니, 동글이님의 마음을 조금만 더 차근차근 진실하게 전달하면 알아봐 주시지 않을까 싶어요.

부모님이 알아봐 주시는 만큼 동글이님도 노력해야 한다고 생각하고요.

동글이님이 이렇게 고민글을 올려 주신 걸 보니 속상하면서도 한편으론 그만큼 부모님과 지금보다 더 좋아지고 싶어 하는 마음이 큰 것 같네요.

그럼 지금보다 더 행복한 가족이 되길 바랄게요~!

"제 얼굴을 찾고 싶어요."

 ID 피오나

하루하루가 힘든 고2입니다.

학교도 가기 싫고 공부도 안 되고 거울도 보기 싫고 엄마도 너무 싫고 짜증만 나요. 누구한테 말할 사람도 없고 말해 봤자 욕먹을 게 뻔해서 여기다 사연 올리는 거니까 제발 욕하지 말고 제 고민을 들어 주세요.

중2 겨울방학 때 엄마가 제 눈이 안 예쁘다며 쌍수를 하재요. 처음엔 좀 무서웠는데 저도 제 눈이 좀 작은 게 불만이었기 때문에 하게 되었어요.

수술이 너무 잘돼서 이때까진 저도 대만족이었어요. 근데 눈을 하고 나니 상대적으로 코가 낮아 보인다며 코를 또 하재요. 코는 불만 없다고 안하겠다고 했는데 끝내 하게 되었어요. 그런데 또 엄마는 사각턱이라며 양악을 해야 한다며... 저는 무서워서 더 이상 싫다고 버텼지만 엄마가 끝까지 우겨서 고1 때 결국 했어요.

저희 엄마가 엄청 강하세요. 항상 제가 져요. 정말 진심으로 제 턱이 사각턱도 아니고 불만이 조금도 없었거든요. 수술 후 붓기가 잘 안 빠져서 생각보다 오래 걸려 방학 끝나고 일주일 정도 결석을 했는데, 학교에 오니 '쟤 또 했어.' '지가 무슨 연예인인 줄 알아.' 이런 소리를 들으라는 듯 수군거리고 중학교 때 친했던 친구까지도 그 애들이랑 같이 제 흉 보고 "넌 좋겠다, 현대 의학 기술의 혜택을 엄청 받아서." 이렇게 비꼬는 말도 하고요.

그때부터 점점 제 얼굴이 너무 싫어요.

인조인간, 성괴 같아요... 학교에서 애들과 눈 마주치면 속으로 욕하는 것 같아서 괴로워요. 분명히 지금이 더 예뻐지기는 했는데 예전 귀여운 얼굴로 돌아가고 싶고 거울 보면 제 얼굴이 너무 낯설고 누군지 모르겠고 무섭기도 해요...

엄마는 아직도 만족이 안 되는지 오늘도 자세히 쳐다보더니 "눈이 맘에 안 들어... 앞트임을 좀 해야 하나..." 이러시는 거예요. 너무 짜증 나서 "제발 좀 그만 해!"라고 소리 지르고 방에 들어와서 울다가 이 글을 써요.

싫다고 해도 "이렇게 예뻐졌으면 엄마를 업고 다녀야지, 고맙다고는 못하고." 그러면서 화를 내요. 내 마음도 모르고 엄마는 또 '손댈 데 없나' 만 찾는 것 같아요. 더 이상은 정말 싫은데... 지금도 힘든데 어떡하면 좋을지 모르겠어요. ㅠㅠ

ID 토닥토닥

피오나님, 반가워요.
한창 외모에 민감할 나이에 정말 고민이 되겠어요. 피오나님이 말 한대로 남들에게 하소연할 수도 없어 혼자서 속앓이를 해야 하니 얼마나 답답하고 힘들까요...

예쁘다는 것의 만족도나 기준이 사람마다 다른데(물론 자신이 원하고 만족한다면 문제가 없겠지만) 어머니의 취향과 기대 수준에 맞추어 님의 얼굴을 계속 수술한다는 것이 위험하게까지 느껴집니다.

피오나님!
싫다고 짜증 내고 방에 들어와 우는 차원으로는 님의 고민이 끝나지 않을 수도 있을 것 같아요. 님의 말대로 어머니가 주장이 강하시고 아마도 지금까지 결국은 님의 주장을 굽히고 어머니께 맞추면서 살아온 것처럼 보이는데, 이건 다른 문제인 것 같아요.

님이 싫다 싫다 하면서도 결국에는 또 그냥 하니까 정작 어머니 입장에선 피오나님의 고민이 이렇게까지 깊을 줄 모르실 수도 있을 것 같아요. 어머니를 설득할 수 있을만한 다른 가족이나 친척들의 도움을 구하는 것도 좋겠고요. 그럴 여건이 못 된다면 울거나 짜증 내는 행동을 배제한 진지한 표정과 정확한 말로 피오나님의 속마음을 이야기하면 어떨까요. 피오나님이 올린 이 고민글과 저의 답변을 그대로 보여 드리는 것도 한 방법이 될 수 있을 것 같아요.

어머니도 수술할 때마다 딸이 더 예뻐지니(어머니 기준으로) 자꾸 욕심이 생기실 수도 있을 거예요. 그 또한 딸을 사랑하는 마음의 표현일 테니 너무 미워하거나 섭섭해하지 말고 비난과 원망보다 진심으로 피오나님의 속마음을 전하면 어머니도 피오나님의 이 절실한 고민을 알게 되지 않을까요?

피오나님!

피오나님의 고민과 마음은 충분히 알겠지만 이미 한 수술에 대해서는 더 이상 힘들어하지 않았으면 좋겠어요. 냉정하게 들릴 수 있겠지만, 수술이 잘못되어 힘들어하는 사람도 많다고 들었는데 그래도 수술 자체가 잘못되었거나 부작용 후유증에 시달리는 것은 아니니까요.

지금은 낯설어도 내 얼굴에 정을 붙이고 표정으로 나만의 이미지를 만들어 나갈 수도 있을 거예요. 순하고 여린 심성을 가진 피오나님이니 세월이 지날수록 고운 표정이 얼굴에 더해져서 피오나님만의 고유한 이미지를 갖게 될 거라 믿어요.

천사와 악마를 그리는 한 화가가 악마 모델을 찾아 그린 후 천사의 모델을 찾지 못해 삼십 년을 헤맨 끝에 드디어 천사의 모델을 찾았는데 놀랍게도 그 두 모델이 같은 사람이었다는, 어떤 책에서 읽은 이야기를 전해 드리며, 힘내길 응원할게요.

어른들도 고민이 많아요

"독박 육아가 너무 힘들어요."

 **ID 우울해요**

저는 집에서 아이를 키우고 있는 전업주부입니다. 하루 종일 아이와 단 둘이 집에만 있으니 너무 우울하고 스트레스 받아요. 남편에게 몇 번 힘들다고 어렵게 이야기를 해 보았는데, 남편은 집에서 아이만 보는 게 뭐가 힘드냐고, 편해서 투정하는 거라고만 합니다.

이런 남편이니 정말 저에겐 아무런 도움도 되지 않고, 친정과 시가도 둘 다 멀리 있어서 도움을 받기도 어려워요... 이제는 정말 아무것도 하고 싶지가 않고, 우울하기만 하고... 집안일하는 것도 너무나 힘이 들고, 아이 밥을 챙겨 주는 것조차 힘들어서 다 버리고 혼자 살고 싶다는 생각만 듭니다.

얼마 전에는 너무 힘들어서 아이를 한 번 육아 도우미 아주머니에게 맡기고 나온 적이 있는데, 아이를 맡기고 나니까 편하기보다는 너무 걱정되고 불안해서 미쳐 버릴 것 같은 기분이었어요. 결국 하고 싶었던 것들을 제대로 하지도 못하고, 아이가 걱정되어서 금방 집에 돌아갈 수밖에 없었어요... 아이와 내내 함께 있는 것은 너무 힘들고 우울한데, 아이를 맡기자니 너무 불안하고 걱정되어서 어떻게 해야 할지 아무것도 결정할 수가 없고 점점 무기력해집니다.

친구들을 만나서 이야기하고 스트레스를 풀고 싶어도 밖에 나갈 여유도 없고, 기분 전환을 위해 새로운 일을 하고 싶어도 시간이 나질 않으니 할 수가 없어요. 그러다 보니 자꾸 이 감정을 아이에게 돌리고 원망하며 아이 때문에 내가 아무것도 못하고 있다는 생각만 자꾸 들어서 내 아이가 점점 귀찮게 느껴집니다. 정말 언제까지 이렇게 내 시간도 가지지 못하면서 살아야 하는 건지...

그리고 아이와 제가 이렇게 하루 종일 같이 있는 것이 아이에게 더 안 좋은 작용을 하는 건지 그것도 정말 걱정이 됩니다. 제가 생각할 땐 저희 아이가 또래에 비해 발달이 많이 느린 것 같아요. 이런 부분 때문에 요즘은 불안하더라도 기관에 보내거나 다른 사람의 도움을 받아야 하는 건지, 밖에서 친구들이랑 더 어울릴 기회를 주는 게 좋은지, 그런 고민들을 더 하게 되는 것 같습니다.

정말 너무 힘들고 괴로워요. 어떻게 해야 할지 모르겠습니다. 조언 좀 해 주세요...

ID 웃음의 여왕

 하루 종일 아이와 단 둘이 지내며 육아를 하는 동안의 지친 마음이 글에 너무나 잘 나타나 있는 것 같아 읽으면서 마음이 너무 아팠어요.

부모님들도 모두 멀리 계시고, 아이를 함께 키워 나가야 하는 남편이 오히려 우울해요님의 어려움을 투정으로 받아들이고, 친구들과 이런 고민을 나누지도 못하고 혼자서 얼마나 힘드셨을까요...

엄마로서의 역할도 정말 중요하고 가치 있는 일이지만, 그만큼 이제는 우울해요님 스스로의 마음을 돌보아 주는 것도 아주 중요한 때이지 않을까 싶습니다. 학생들도 방학을 하고, 직장인들도 휴가를 가지는 것처럼 '엄마'라는 역할에도 아주 잠깐의 쉼표가 있어야 한다는 생각이 들어요.

우울해요님의 상황상 정말 혼자만의 시간을 만들기가 어렵다면, 그리고 아이의 발달이 느린 것 같아서 걱정된다면 불안한 마음이 들더라도 하루에 2시간 정도 어린이집 같은 기관에 아이를 맡겨 보는 것도 한 가지 방법일 수 있을 것 같아요.

어린이집에서 진행되는 특별 수업 같은 경우에는, 원생이 아니어도 참여가 가능한 경우가 많기 때문에 그런 기회를 통해 아이와 떨어지는 연습을 해 보는 것도 좋을 것 같아요.

처음에는 아이도, 엄마도 서로 떨어지는 것이 불안하고 걱정스럽고 두려울 수 있지만, 한 번, 두 번, 세 번 떨어지는 연습을 하다 보면 점점 나아질 수 있지 않을까요. 아이에게 엄마와 떨어지는 연습이 필요한 것처럼, 엄마에게도 아이와 떨어지는 연습이 분명 필요해요. 불안한 마음이 줄어들고 아이를 안심하고 다른 사람에게 맡기는 데에는 당연히 시간이 조금 걸릴 수 있어요.

기관의 도움을 받게 된다면 아이가 등원할 때나 하원할 때, 어린이집 원장님이나 선생님과 자주 이야기를 나누면서 그 불안감을 조금씩 놓아 보는 것이 어쩌면 한 가지 방법이 될 수도 있지 않을까 생각해 봅니다.

엄마가 아이와 온전히 함께하며 잘 돌보아 주는 것도 중요하지만, 그만큼 엄마의 편안하고 안정된 마음도 중요한 것이니, 지금은 힘든 우울해요님의 마음을 먼저 위로해 주고 만져 주어야 할 때인 것 같아요.

지금 아이의 이 시기는 지나고 나면 정말 짧고 아쉬운 기억으로 남을 수도 있어요. 금세 지나가 버릴 이 짧은 시기에, 엄마가 괴로움과 고통과 불안의 마음으로 아이와 하루 종일 붙어 있기보다는 아주 짧게 단 2~3시간만이라도 아이와 떨어져서 혼자만의 쉬는 시간을 가지는 것이 더 좋지 않을까 생각해요.

영화를 본다거나 무언가를 배운다든가, 그것도 아니라면 혼자 하고 싶었던 어떤 일을 한다거나, 친구들을 만나서 이야기를 하거나 하는 나만의 휴식의 시간을 가져야 다시 돌아와서 아이와도 더 즐겁게 지낼 수 있지 않을까 하는 생각이 듭니다.

많이 힘들어하면서도 아이를 최선을 다해 돌보려고 하는 우울해요님의 모습에서 아이에 대한 큰 사랑을 느낄 수 있었어요. 하지만 내가 몸과 마음이 너무 지치고 힘들면, 아무리 사랑하는 내 아이라도 한순간 놓고 싶은 생각이 들 수 있는 것 같아요.

그리고 엄마이기 때문에 당연하게 내 아이가 또래보다 조금이라도 느리거나 다른 부분이 있는 것 같다면 불안한 마음이 들 수 있지만, 아이들은 저마다 발달하는 속도가 다 다르고, 내 아이가 신체 건강상의 큰 문제가 없다면 내가 보기에 조금 느리다고 느껴지더라도 아이 스스로의 속도에 맞춰 잘 발달할 것이니 너무 불안해하거나 크게 걱정하지 않아도 될 것 같다는 생각이 들어요.

아이의 발달이 나 때문에 느린 게 아닐까 하는 그런 걱정이 우울해요님을 더 우울하고 불안하게 만들 수도 있을 것 같아요.

또 이 부분은 아이가 어린이집과 같은 기관에 다니게 되면 선생님이나 또래 친구들과 조금씩 소통하면서도 차차 자연스럽게 발달할 수 있는 부분이니, 그것을 지금처럼 내 탓이 아닐까 하며 자책하고 괴로워하기보다는 조금 더 시간을 두고 내 마음을 먼저 돌보면서 엄마가 먼저 기분도 회복하고 체력을 충전하는 것이 더 좋을 것 같아요.

혹여, 아이의 발달에 대해 너무 많이 걱정이 된다면, 국가에서 지원하는 영유아 무료 검진 프로그램도 있으니 그런 것들을 이용해서 정확히 검사를 받아 보는 것도 안심할 수 있는 한 가지 방법이 될 것 같다는 생각이 듭니다.

세상에 한 아이가 태어나 자라고, 그 아이를 돌보아 주고 양육하는 일은 정말로 가치 있는 일이라고 생각합니다.

그렇게 대단하고 커다란 일을 지금 우울해요님은 많이 힘들지만 꿋꿋하게 하고 있는 거예요. ^-^

그 일을 최선을 다해 애써서 해내고 있는 우울해요님 스스로를 좀 더 칭찬해 주고, 자신의 마음과 몸을 먼저 돌보았으면 합니다. 힘내세요!

"아들과 딸이 청소를 안 해요."

 ID 하루

안녕하세요. 아들과 딸 하나씩 둔 아버지입니다.
답답한 마음에 이렇게 글을 올립니다.

일 끝나고 집에 와서 아이들 방을 보면 도둑이 든 것 같아서 놀란 적이 한두 번이 아닙니다. 그래서 아이들에게 방 좀 치우라고 말을 하는데도 듣질 않습니다. 아이들은 치웠다고 하는데 제 눈에는 도둑이 든 방에서 사람이 앉을 수 있는 공간이 생긴 정도로 보입니다. 그래서 결국에는 화를 내면서 다그치게 됩니다.

아이들 엄마 같은 경우는 일 끝나고 집에 와서 음식하다 보면 아이들 방에까지 신경 쓰질 못합니다. 저도 그렇고 아이들 엄마도 그렇고 서로 할 일이 있다 보니 아이들 방은 아이들이 청소해 주길 바라는 마음에 자꾸 잔소리를 하면서 화를 내게 되는데요. 그럴 때마다 저도 스트레스 받고 아이들도 힘들게 하는 것 같아 고민이 많습니다.

저와 아내 그리고 아이들 모두가 스트레스 받지 않고 아이들이 존중받는다는 느낌이 들 수 있도록 하고 싶은데 어떻게 하면 좋을까요?

ID 풀잎

안녕하세요, 하루님.

하루님과 아내 분이 일 끝나고 집에 도착하면 아내 분은 음식하고 하루님은 집 청소를 하고 그러는데, 일 끝나고 온 뒤라 가끔은 힘들 때도 있고 지칠 때도 있고 그냥 쉬고 싶을 때도 있고 그랬을 것 같아요.

그래서 아이들 방만큼은 아이들이 청소해 주길 바랐는데 하루님의 바람과는 다르게 도둑이 든 것 같아 깜짝 놀랄 정도라니 하루님 입장에서는 잔소리를 하면서 화를 내게 되었겠네요.

그러다 보니 하루님도 그렇고 아이들도 힘들게 하는 것 같고 정말 많이 고민되었겠어요.

그래도 아내와 하루님 그리고 아이들 모두가 스트레스 받지 않고 아이들이 존중받길 바란다는 걸 보면 그만큼 가족을 위하고 사랑하는 마음이 큰 것 같아요.

그렇다면 혹시 아이들이 방 청소를 할 때 어떻게 하는지, 안 치우는 부분은 왜 안 치우는지 알고 있나요?

어떻게 치워야 하는지, 왜 이렇게 치워야 하는지 차근차근 설명해 주면서 같이 해 보는 건 어떨까요? 그리고 다 청소하고 나면 칭찬도 해 주면서 가끔 아이들이 좋아하는 것을 해 주고 그러면 하루님과 아내 분

그리고 아이들 모두가 기뻐하지 않을까 싶어요. 저도 가끔은 부모님께서 방 청소하라고 잔소리하실 때면 괜히 더 하기 싫어지는데, 부모님이 같이 청소하자면서 도와달라고 하시면 귀찮긴 하지만 그래도 할 마음이 생기더라고요. 그리고 청소 후 다 같이 맛있는 음식 먹을 때면 기분도 좋아지고 이야기도 더 많이 하게 되면서 돈독해지는 것 같고요.

일 다녀와서 아이들의 도둑맞은 것 같은 방을 보면 화가 나겠지만, 그 순간만큼은 화를 참고 힘들어도 잠깐만이라도 다 같이 해 보는 건 어떨까요?

하루님이 가족을 사랑하는 마음이 큰 만큼 행복한 가정이 되길 바라겠습니다~!

"일상이 너무 무료합니다."*

 ID 고즈넉

 50대 중반 여자입니다.

그날이 그날, 너무 우울합니다.

취미도 없고 매사 의욕이 없습니다.

우울증일까요?

---

* 본 사례와 답글은 고즈넉님과 토닥토닥님의 허락을 받아 실제 사례와 답글을 그대로 옮겨 온 것이다.

ID 토닥토닥

 고즈넉님, 안녕하세요?
반복되는 일상이 무료하고 그로 인해 우울감을 느끼나
봅니다. 비슷한 연배로서 고즈넉님의 심정 너무나 잘 알
것 같습니다.

그동안 치열하게 살아왔고 자제들을 다 키워서 품에서 떠나 보
낼 나이가 되었으니, 시간적 여유가 많이 주어져 아마도 '빈 둥지
증후군' 같은 헛헛함이 밀려오는 것이 아닌가 생각해 봅니다.

그런데, 고즈넉님! 조금 다르게 생각해 보면 어떨까요? 시간에 허덕
이며 살던 때 얼마나 나를 위한 나만의 시간에 갈증이 났는지를요. 아
이들 다 키워 놓고 여유가 주어지면 하고 싶은 일은 또 얼마나 많았는
지요. 그러다 어느 순간 그런 꿈이 있었다는 것조차 잊어버리진 않았
지요.

사정이 허락된다면, 짧게라도 '나를 찾아 떠나는 여행'을 추천하고
싶네요. 이왕이면 아는 이 없는 낯선 곳이면 더 좋겠고요. 그곳에서 오
직 나에게로 침잠하여 내가 하고 싶은 것, 원하는 것에 귀 기울여 보고
그동안 고생했다고 토닥여 주고 그동안 수고한 내게 비싸지 않지만 고

운 립스틱도 하나 선물해 주고 맛있는 음식도 먹여 주고 멋진 풍경도 보여 주고... 꼭 하고 싶지만 일상에 쫓겨 못했던, 내가 정말 하고 싶은 일(취미) 한번 찾아보시고요.

그리고 일상으로 돌아와서 다시 화이팅하는 겁니다.

지금 우리 세대, 50대는 예전 30대 후반처럼 살아야 한다고 하더라고요. ^^

고즈넉님의 두 번째 서른 살을 응원합니다.

"일상이 너무 무료합니다."

Re: Re: **ID 고즈넉**

토닥토닥님~
닉네임처럼 제 맘을 토닥여 주셨어요. 우선 긴 답글
감사드립니다~

애지중지 키운 외동딸이 미국에서 직장을 다니다가 올겨울 결혼하고 미국에서 자리 잡고 살겠다 하니 갑자기 마음이 심란하고 허전한 마음에 이곳에 넋두리를 했는데, 제 맘을 족집게처럼 알아줘서 너무나 마음에 위로를 받고 눈물이 다 났답니다~

이젠 총기도 예전 같지 않고 자신감도 떨어지고 열정도 바닥이고 앞으로 살면서 좋은 일은 하나 없을 것 같아 우울했는데, 토닥토닥님의 글을 읽고 저 자신을 돌아보게 되었습니다.

지금까지 삶에서 저는 없었고 남편, 딸아이가 제 전부였습니다. 님의 말씀대로 이제 나를 찾아가는 여행을 한 번 계획해 봐야겠어요. 한때는 집 꾸미기라든지 열정이 끓었던 적도 있던 것 같네요. ^^

예전 학교 다닐 때 똑똑하고 손재주가 좋다는 소리도 많이 들었습니다. ㅋ

아, 그러고 보니 친한 친구가 공방을 하나 차리라고도 했던 것 같아요. ^^

여전히 자신감, 열정은 부재하지만 뭔가는 해야 한다는 의욕이
살짝 생겼습니다.

오늘은 기분 완전 업입니다. ^^

가을 냄새 맡으러 나가 보렵니다~

토닥토닥님, 감사, 또 감사드립니다.

어떤 분인지 한번 뵙고 싶네요~^^

 **ID 토닥토닥**

고즈넉님,

오랜만이에요.

고즈넉님의 답글을 보고 너무 기뻤답니다. 제 비루한 글을 읽고 힘을 얻었다니 오히려 제가 감사한 마음이 드네요.

역시 고즈넉님은 저력 있는 분이었군요. 정말 잘하는 것도 많고요. 생기 넘치게 살아가는 모습 가끔 전해 주시면 제게도 많은 도움이 될 것 같아요.

우리, 같이 화이팅해요. ^^

"일상이 너무 무료합니다."

Re: Re: Re: Re: **ID 고즈넉**

어머나! 토닥토닥님, 답장 주셨네요~ ^^
토닥토닥님 글 읽고 또 읽었어요. 요즘 제가 뭘 준비 좀
하느라고 정신이 없어 한동안 들어올 시간이 없어서 못
봤더니 반가운 글이 있었네요. 잊어버리지 않고 이렇게 답글을 주신 걸
보니 또 한 번 감동입니다.

저는 요즘 문화센터에서 드라이플라워를 배우고 있어요. 3주쯤 되었
는데 가르쳐 주시는 선생님께 아주 잘한다고 칭찬 많이 듣는답니다. 자
격증 따서 작은 숍을 내겠다는 야무진 꿈을 꾸면서요~ ^^

주말에는 남편과 산에도 가고 교외로 드라이브도 가고 삶의 활력소
가 많이 생겼어요.

남편에게 토닥토닥님 이야기도 했어요. 뭘 해도 시큰둥하던 제가 활
기찬 이유를 알았다며 남편도 너무 감사하다고 합니다. 얼굴도 모르는
분이지만 제가 자격증 따면 제일 먼저 꽃바구니 만들어 드리고 싶어요
~ ^^

제 글을 읽으셔야 할 텐데...
시간이 너무 지나서 걱정되네요.
토닥토닥님도 건강하시고 행복하시길 빌게요~ ^^

"팀원이 저 때문에
회사를 그만두고 싶어 합니다."

ID 리더

저는 영업팀에서 일하고 있는 회사원입니다. 저희 회사는 매달 한 번씩 4~5명 정도로 그룹을 이뤄서 회의를 하고 아이디어를 내곤 합니다. 한 10명 정도의 그룹 리더들이 있는데 저도 그중 한 명입니다. 영업사원들은 영업팀장님께 원하는 그룹을 선택하여 메일을 보내고, 팀장님은 매달 새로운 그룹을 프린트하여 붙여 주십니다.

이번 달에는 리더인 저와 엔지니어 1명, 영업사원 2명 그리고 팀장님까지 총 6명이 한 그룹이 되었습니다. 저는 팀장님과 친한데 팀장님이 영업사원 2명 중 한 명을 별로 좋아하지 않으셨습니다. 그래서 팀장님의 마음에 안 드는 영업사원 1명을 빼자고 제안하셨습니다. 그룹 리더인 저는 어쨌든 팀장님을 몇 차례 설득해 보려고 노력했으나 저보다 상사이시고 완강하셔서 수긍을 하게 되었습니다. 그리고 저희는 그 영업사원을 빼고 몇 번 그룹 미팅을 하였고, 결국 그 영업사원이 이런 사실을 알게 된 것입니다.

그 책임이 다 저에게 오게 되었습니다. 그 영업사원은 울고불고 난리를 쳤고 이사님께 가서 그룹 리더인 저 때문에 자살 생각까지 들고 일을 당장 그만둔다고 했답니다. 저는 팀장님께서 이야기해 주실 줄 알았는데 나 몰라라 하며 가만히 계십니다. 그룹 리더를 맡은 제 책임이고... 그냥 사과하는 게 맞겠죠? 저도 억울한데... 어떻게 해야 할지 모르겠습니다.

Re: **ID 스마일 :)**

리더님, 팀원이 리더님 때문에 자살 생각까지 하고 일도 그만둔다고 하니 얼마나 어려울지 느껴집니다. 팀장님을 설득하려고 노력도 하였고 상사의 완강함에 어쩔 수 없이 수긍한 건데 리더님이 그 팀원을 뺀 것처럼 되어 버린 것이 얼마나 억울한 상황인지... 이 글을 읽는 내내 저도 너무 답답했습니다. 어쨌든 팀장님이 마음에 안 드는 영업사원을 빼자고 제안하셨음에도 불구하고 지금은 나 몰라라 하시는 태도에도 마음이 많이 상하고 당황스러울 거라 생각이 됩니다. 그룹의 리더이기 때문에 오해 또한 책임을 져야 하는 상황이 정말 안타깝습니다.

먼저, 오해에서 비롯하여 자살 생각까지 하게 된 영업사원에게 리더님의 마음을 전달해 보면 어떨까 합니다. 아직 많이 화가 나고 당황스러운 상태라서 만나서 이야기하는 것이 어려울지도 모르겠습니다. 그렇다면 편지나 메시지를 통해서 마음을 전달하는 방법도 있습니다. 오해라고 할지라도 영업사원은 상처를 받았고 이사님께 바로 찾아가서 그만둔다고 하는 것으로 보아 먼저는 영업사원을 달래 주는 것이 필요하다는 생각이 듭니다.

그리고 마찬가지로 리더님도 팀장님께 이 상황에 대해서 어떻게 생각하시는지 여쭤 보고 충분히 의논해 보면 어떨까요? 글에서도 팀장님과 친하다고 하였고 상사임에도 설득해 보려고 노력한 부분이 있었던 것으로 보아 소통이 가능하다고 생각됩니다. 팀장님의 마음을 들어 보고 리더님의 생각도 충분히 이야기를 하는 것입니다.

리더님이 그룹의 리더이기 때문에 책임을 져야 하는 부분이 있다는 것에 충분히 공감이 됩니다. 그것이 오해에서 비롯된 것임에도 불구하고 말입니다. 리더님, 어려운 맘 글로나마 나눠 주셔서 너무 감사합니다. 저의 답변이 조금이나마 리더님에게 도움이 되었으면 좋겠습니다.

후주

1) 117: 학교폭력을 한곳에서 처리할 수 있도록 경찰청과 교육청이 한꺼번에 연결되어 있는 학교폭력 등 긴급지원 센터. 117로 학교폭력을 신고하면, 해당 학교폭력전담경찰관이 접수를 하고, 폭력의 경중에 따라 전담경찰관이 직접 신고된 학교폭력 문제를 조사하거나, 해당 학교의 학교폭력담당 교사와 연락하여 사건을 안내하고 조치를 요구한다. 또한 조치가 어떻게 진행되고 있는지, 사건이 어떻게 종결되었는지 재차 확인하여 학교폭력을 해결하는 데 도움을 주고자 한다.

2) 청소년 전화상담 1388: 청소년의 일상적인 고민 상담부터 가출, 학업중단, 인터넷 중독 등 위기에 이르기까지 1388(핸드폰은 지역번호+1388)로 전화하면 제공받을 수 있는 전화상담 서비스. 청소년상담사, 청소년지도사, 사회복지사 등 국가자격을 소지하거나 일정 기간 청소년상담복지 관련 실무경력을 갖춘 전문상담선생님이 전국 220여개 청소년상담복지센터에서 근무하고 있으며 365일 24시간 운영된다. #1388로 문자 상담도 가능하다.

3) youtube: www.youtube.com

4) TED(Technology, Entertainment, Design): www.ted.com

5) 워크넷(www.work.go.kr): 고용노동부와 한국고용정보원이 운영하는 구인 · 구직 정보 및 직업 · 진로 정보를 제공하는 취업 정보 사이트이다.

6) 청소년상담복지센터: 전국 각 시 · 도에서 400여 개의 청소년 상담복지센터에서 청소년들에게 무료로 상담을 제공한다. 지역별 센터 안내는 한국청소년상담복지개발원 홈페이지(www.kyci.or.kr)에서 확인할 수 있다.

7) 건강가정지원센터: 2016년 현재 전국에 151개의 건강가정지원센터가 운영 중이며, 「건강가정기본법」에 따라 가족기능 강화 및 가족관계 개선, 가족 가치 확산을 위해 지역의 모든 가족을 대상으로 가족 교육 · 상담 · 문화 프로그램 등 통합적인 가족지원 서비스를 제공하고 있다. 지역별 센터는 건강가정지원센터 홈페이지(www.familynet.or.kr)에서 확인할 수 있다.

에필로그

삶의 경험을 나누어 주심에 감사드립니다. 부족한 깜냥에 함께 고민하며 적었습니다. 울고 웃고 견디며 또다시 힘내어 살아 나가는 당신은 언제나 꽃보다 아름답습니다.

 밀크티(김미리)

어디에 웃음 표시를 쓸지, 어디에 쉼표를 찍을지 깊게 고민하던 것이 생각이 납니다. 짧은 글에도 엄청난 힘이 있다는 것을 느낀 값진 시간이었습니다. 감사합니다. :)

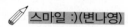 스마일 :)(변나영)

하루하루는 항상 길고 힘겹게 느껴지는데, 함께 고민하고 나누다 보니 어느새 계절이 지나갔습니다. 지나가는 시간만큼 추억과 경험이 쌓이고, 성장할 수 있길 바랍니다.

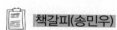 책갈피(송민우)

어릴 적 나는, 곧잘 우는 아이였습니다. 뚝뚝 눈물을 흘리고 나면 스르르 잠이 오고, 푹 자고 일어나면 왜 울었는지조차 생각나지 않을 때가 많았습니다. 얼굴도 마주하지 못한 채 마음으로 만난 사례의 주인공들이 지금쯤 단잠 후 상쾌하게 일어날 시간이면 좋겠습니다.

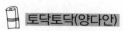 토닥토닥(양다인)

유난히 덥던 2016년 여름을 열심히 답글을 쓰며 보냈는데, 그 내용을 이렇게 책으로 엮게 되어 기쁘고 뿌듯합니다. 사례의 주인공들과 함께 고민하고 걱정하고 마음 썼던 시간들이 참 값진 경험과 좋은 추억으로 남을 것 같습니다. 책을 읽는 모든 분이 함께 행복을 찾아 나가는 시간이 되었으면 좋겠습니다.

☕ **웃음의 여왕(유승령)**

사이버 공간에 자신의 어려움을 털어놓기까지 얼마나 갈등하고 외로웠을지 답변을 적으면서도 참 안타까웠습니다. 같은 고민을 하며 홀로 힘든 시기를 버텨 내고 있을 많은 청소년에게 이 책이 공감과 위로를 전할 수 있으면 좋겠습니다.

☁ **구름(이지연)**

값진 경험으로 가져갈 수 있었고, 사랑이라는 것을 알게 해 주어서 고맙습니다. 사랑하고, 살아가고, 살아 냅시다. 당신이 있는 그곳이... 사랑이자 삶을 잘 살아가고 있는 것임을 잊지 않았으면 좋겠습니다. 응원하겠습니다. 고맙습니다.

☄ **빛나는 별(장인희)**

그동안 사례의 주인공들과 같이 고민하고 위로하고 격려하면서 여기까지 온 것 같습니다. 앞으로 같이 가야 할 길에 대해 꿈을 꿉니다.

 **햇살 가득(정선영)**

우리 모두는 인생이라는 그 알 수 없는 안갯속 길을 걷고 있는 동행자입니다. 인생의 여정이 힘들고 어려워도 우리는 함께이기에 견딜 수 있습니다. 이 한 권의 책이 여러분에게 희망이 되고 사랑이 되었으면 하는 마음을 함께 보냅니다.

<svg>✉</svg> **아낌없이 주는 나무(정차리)**

다양한 사례를 보면서 함께 고민하고 답글을 달던 시간이 다시금 생각납니다. 결코 사소하지 않은 그들의 이야기가 책을 통해 세상으로 나오게 되어 기쁨과 떨림이 함께합니다.

ㅇ~ㅇ **풀잎(조유나)**

어떻게 하면 짧은 글로 그들의 마음을 어루만져 줄 수 있을까 하는 생각을 가장 많이 하며 답글을 썼던 것 같습니다. 이 책을 읽으시는 분들이 우리의 답글 속에서 자신만의 해답을 찾아 나갈 수 있기를 바랍니다. 마지막으로 함께 작업하고 조언을 해 준 동료들과 교수님께 진심으로 감사드립니다.

🎧 **몽실언니(한송희)**

저자 소개

김은하(EunHa Kim)
단국대학교 교육대학원 교육학과(상담심리전공) 교수

김미리(MiRee Kim)
단국대학교 상담학과 석사 수료

변나영(NaYoung Byun)
단국대학교 상담학과 석사 수료

송민우(MinWoo Song)
단국대학교 상담학과 석사 수료

양다안(DaAn Yang)
단국대학교 교육대학원 교육학과(상담심리전공) 졸업

유승령(SeungRyung Yoo)
단국대학교 상담학과 석사 재학

이지연(JiYeon Lee)
단국대학교 상담학과 석사 재학

장인희(InnHee Jang)
단국대학교 상담학과 석사 재학

정선영(SunYoung Jeong)
단국대학교 교육대학원 교육학과(상담심리전공) 졸업

정차리(ChaRi Jeong)
단국대학교 상담학과 석사 졸업

조유나(YuNa Cho)
단국대학교 상담학과 석사 재학

한송희(SongHee Han)
단국대학교 상담학과 석사 졸업

오늘도 홀로 고민하는 너에게
48가지 사이버상담 이야기

To you who worry alone today:
48 stories of cyber counseling

2017년 11월 10일 1판 1쇄 인쇄
2017년 11월 15일 1판 1쇄 발행

지은이 • 김은하 · 김미리 · 변나영 · 송민우 · 양다안 · 유승령
　　　　이지연 · 장인희 · 정선영 · 정차리 · 조유나 · 한송희
펴낸이 • 김진환
펴낸곳 • **㈜ 학지사**
　　　　04031 서울특별시 마포구 양화로 15길 20 마인드월드빌딩
대표전화 • 02)330-5114　　　팩스 • 02)324-2345
등록번호 • 제313-2006-000265호

홈페이지 • http://www.hakjisa.co.kr
페이스북 • https://www.facebook.com/hakjisa

ISBN 978-89-997-1366-8　03180

정가 15,000원

이 도서의 국립중앙도서관 출판시도서목록(CIP)은 서지정보유통지원
시스템 홈페이지(http://seoji.nl.go.kr)와 국가자료공동목록시스템
(http://www.nl.go.kr/kolisnet)에서 이용하실 수 있습니다.
(CIP 제어번호: CIP2017021474)

교육문화출판미디어그룹 학지사

심리검사연구소 **인싸이트** www.inpsyt.co.kr
원격교육연수원 **카운피아** www.counpia.com
학술논문서비스 **뉴논문** www.newnonmun.com
간호보건의학출판 **정담미디어** www.jdmpub.com

"이 책의 인세는 용인시 청소년 상담센터에 전액 기부됩니다."